가을 빨래

가을 빨래

1판 1쇄 발행 ｜ 2025년 11월 10일

지은이 **최잠숙**
발행인 **이선우**
펴낸곳 **도서출판 선우미디어**
　　　　등록 ｜ 1997. 8. 7 제305-2014-000020
　　　　02643 서울시 동대문구 장한로12길 40, 101동 203호.
　　　　☎ 2272-3351, 3352 팩스: 2272-5540
　　　　sunwoome@hanmail.net
　　　　Printed in Korea ⓒ 2025. 최잠숙

15,000원

※ 이 책은 충청북도 충북문화재단 예술창작활동 지원사업 지원금으로 제작되었습니다.

ISBN 978-89-5658-808-7 03810

가을 빨래

최잠숙 수필집

선우미디어 sunwoomedia

서문

열정의 첫 발걸음을 조심스럽게 내딛습니다. 어린아이가 첫 발걸음을 떼어 놓듯 뒤뚱거리는 어설픈 발걸음입니다. 삶의 숙제를 풀기 위해 돌부리에 걸려 넘어지기도, 시궁창에 빠져 허우적거리기도 하였습니다.

이순의 고개에 이르러서야 삶은 풀어야 할 숙제가 아니라, 즐겨야 할 축제임을 알게 되었습니다. 수필이라는 창을 통해 꼬인 실타래를 풀 듯 삶의 숙제를 풀어내고 한바탕 축제를 즐겨 보려 합니다.

봉생마중불부자직蓬生麻中不扶自直, 쑥부쟁이 같던 저를 수필의 삼밭에 머물 수 있도록 붙들어 주신 고故 박영수 교수님께 깊이 감사를 드립니다.

부족한 글이지만 기꺼이 발문을 써 주신 김홍은 교수님, 발간에 앞서 조언을 아끼지 않으셨던 수필가 송보영 선생님께도 깊은 감사 인사를 드립니다. 처음 배움의 길에 들어섰을 때 청출어람靑出於藍 하라시던 모 교수님의 말씀을 가슴에 새기고, 한 발짝 한 발짝 앞으로 나아가 보려 합니다. 감사합니다.

2025년 여름의 끝자락에
청람 최잠숙

차례

가을은 젖은 빨래

세상에 존재하는 모든 것은 의미 없는 것이 없다.

존재하는 모든 것은 아무렇게 피어나거나,

만들어지거나,

태어나지는 않았을 것이다.

잘못된 인간의 시각이 오류를 일으킨 것일 뿐

존재하는 모든 것에는 의미가 있다.

－본문 중에서

조각난 하늘에도 햇살이

새벽빛이 창을 두드린다. 크게 기지개를 켜고 창문을 열어 햇살을 맞는다. 조각난 하늘 틈새로 빛들이 살아나고 있다. 또 다른 오늘을 주심에 감사드리며 하루를 연다.

이 집으로 이사 오던 날 햇살이 눈 부셨다. 딸아이와 안방에 드러누워 올려다본 하늘은 구름 한 점 없이 맑았다. 창문에 매달린 커튼은 부는 바람에 그네를 타고, 우리의 꿈도 덩달아 부풀어 올랐다. 딸아이와 난 깔깔거리며 햇살을 먹고 바람을 마셨다. 건넛방에 있던 막내가 불쑥 고개를 들이밀며 씽긋 웃더니 옆에 와 누웠다.

저 멀리 부모산은 우리의 정원이었고, 하늘은 커다란 도화지였다. 우리는 부모산을 정원 삼아 하늘 도화지에 맘껏 그림을 그렸다. 해 질 무렵이면 부모산에 걸린 노을을 그리고, 비 갠 후에는 무지개를 그렸다. 크지도 화려하지도 않은 공간에서 꿈과 희망을 그리며 하루하루를 엮었다.

언제부턴가 고층 건물이 들어서기 시작하면서 정원을 조각내기 시작했다. 내 마음에도 하나, 둘 금이 가는 듯했다. 그나마 멀리 들어선 건물들이라 하늘은 지킬 수 있어 다행이라 생각하며 지냈다.

몇 해가 지났을까? 금이 간 마음이 치유되어 갈 즈음이었다. "뻐꾹 뻐꾹" 아직도 봄은 멀리 있는데 이른 아침부터 들리는 뻐꾸기 울음소리가 심상치 않았다. 의아해하며 창문을 열었다. 소리만 들릴 뿐 새의 그림자도 보이지 않았다. 며칠을 울어대던 뻐꾸기 소리가 멎는가 했는데 쿵쿵거리는 소리가 연이어 들렸다. 도로 건너편에 나지막하게 늘어서 있던 오래된 아파트 건물이 무너져 내리고 있었다.

뻐꾸기 소리도 쿵쿵 소리도 사라진 어느 날 아침. 거대한 회색 괴물이 모습을 드러냈다. 나지막하게 펼쳐져 있던 아파트를 허물고, 높이 높이 새 아파트가 올라가기 시작한 것이었다.

산책길에서 만났던 작은 풀꽃들, 감나무, 석류나무, 호두나무들을 닥치는 대로 먹어 치운 괴물은 하루가 다르게 커갔다. 조각난 나의 정원은 잘 보이지도 않고, 금이 간 내 마음은 아직도 아픈데 하늘마저 조각내고 있었다. 회색 괴물은 산과 하늘을 조각내고 금이 간 마음마저 조각내려 했다. 금이 간 마음 조각을 끌어안고 하늘을 올려다보았다.

조각난 하늘에도 햇살은 빛난다.

거대한 힘으로 산과 하늘을 조각내고, 내 꿈마저 앗아 가려 하지만 햇살은 조각내지 못했나 보다. 햇살은 대지를 비추고, 나의 창을 비추고, 마음을 어루만진다. 산들바람이 얼굴을 쓰다듬는다.

오늘도 그날처럼 햇살은 따사롭고, 바람은 커튼을 부풀게 하고 그네를 타게 한다. 조각난 하늘엔 낮달이 하얗게 웃고 있다.

백신

세상이 술렁거린다. 코로나바이러스로 술렁거리더니, 이제는 코로나 백신으로 다시 한번 술렁거린다.

"백신 맞았어?"

만나는 사람마다 나누는 인사말이다. 어수선하다. 어디에다 초점을 두어야 할지 감을 잡기가 쉽지 않다.

백신 접종을 한 번만 하면 항체가 형성되어 안전한 것도 아니라고 한다. 8주 후에 2차 접종을 해야 하고, 해마다 추가 접종을 해야 한다고 한다. 독감 예방주사를 맞듯 여생은 코로나와 더불어 살아야 할 것 같다.

얼마 전 큰 수술을 한 나다. 면역력이 바닥을 치는데 백신을 맞아도 괜찮은 건지 망설이다가 죽기 아니면 까무러치기로 작정하고 접종을 한다.

인생에 있어서 약간의 부작용은 있지만 그래도 가장 안전한 백신이 무엇일까 생각해 본다.

학창 시절 나에게는 정말 좋은 친구가 있었다. 세상을 다 주어도 아깝지 않을 것 같은 친구였다. 부모, 형제조차도 이 친구만큼 가깝지는 않다고 생각할 정도로 서로 의지하며 지냈다. 공부할 때도, 놀이할 때도 우리는 늘 함께였다. 전교생의 부러움을 한 몸에 받으면서 우리는 늘 붙어 다녔다. 선생님들까지도 둘의 절친을 인정할 정도로 우리는 함께였다. 학교를 졸업하고, 서로 다른 길을 걷고 있었지만 우정만은 변하지 않을 줄 알았다. 결혼이라는 울타리 안으로 들어오고, 멀리 떨어져 살면서도 가끔 만나 우정을 확인했다.

눈에서 멀어지면 마음도 멀어진다더니 언젠가부터 연락이 뜸해졌다. 아마도 친구의 아이들이 혼인한 후였던 것 같다. 이제는 그런 친구가 있었다는 기억마저도 빛바랜 달력처럼 희미해져 가고 있다. 친구라는 백신의 효력이 떨어져 가고 있다.

추적추적 비가 내린다. 가까이 사는 친구들을 부른다. 건강을 핑계 삼아 먹지 않던 막걸리 한 사발 들이켠다. 비 오는 날에는 역시 막걸리에 파전이 최고다. 오랜만에 마신 막걸리가 혈관을 따라 돌며 온몸에 전율이 인다.

이런저런 이야기를 나누며 떠들고 웃다 보니 정신이 맑아지고 기분마저 좋아진다. 이게 무방부제 천연 생백신이 아니겠는가? 이튿날, 머리는 깨질 듯 아프고 온몸이 찌뿌둥하다. 부작용이다. 그러나, 북엇국에 냉수 한 사발 들이켜고 나니 아무 일도 없었던 것처럼 편안하다. 그만하면 꽤 괜찮은 생백신이다.

나의 욕심은 끝 간 데를 모르고 더 질 좋고 안전한 백신을 찾아본다.

남편, 가끔 의견 충돌이 생겨 목소리가 커지고 다시는 안 볼 것처럼 하다가도 약간의 시간이 흐르고 나면 언제 그랬냐는 듯 일상으로 돌아와 있다.

"미안해. 내가 잘못했어."

한 마디에 모든 것은 눈 녹듯 사라지고 다시 평정을 찾는다. 이는 천금을 주고도 사지 못할 백신중의 백신 아니겠는가.

아들, 곰살맞지는 않아도 한결같은 믿음을 준다. 집안의 경조사나 기념일은 잊지 않고 챙긴다. 우리 부부의 관계가 소원해지면 중간 역할도 곧잘 해준다. 생일날이면 어김없이 질 좋은 와인과 치즈를 구해다 축하도 해준다. 남편이 육순을 맞게 되자 형제가 합심하여 약간의 용돈과 케이크를 준비하는 세심함도 보인다. 그러니 아들들은 또 하나의 든든한 생백신이다.

딸, 몸은 비록 멀리 이국땅에 있지만, 마음만은 언제나 곁에 있다. 미주알고주알 하루 일상을 이야기하고, 어버이날이라며 손수 만든 예쁜 카드를 보내온다. '나는 엄마의 자랑이며, 아빠의 희망이다.'라는 글귀와 함께 빨간 카네이션 두 송이가 그려져 있는 순백의 카드, 세상 어떤 말보다 더 따뜻한 마음이 전해져 온다. 명치끝까지 아려 오는 찌릿함, 이 또한 강력한 사랑의 생백신이다.

코로나19 백신. 맞아도 불안하고, 안 맞으면 안 맞아서 더 불안하다. 맞아야 할지 말아야 할지 그 또한 고민이다. 안 맞으면 감염될까 무섭고, 맞아도 안전하지 못하다니 더 무섭다.

그런데 한 번만 맞으면 약간의 부작용이 있을지라도 언제나 한결같은 나의 버팀목이 되어주는 친구와 가족은 백신중에 최고의 백신이라 하겠다. 난 든든한 생백신이 여럿 있으니, 코로나 따위는 거뜬히 이겨낼 수 있을 것 같다.

껄껄껄

그해 겨울은 유난히도 추웠다. 그날도 고장 난 녹음기가 끽끽
거리는 듯한 소리를 들으며 잠이 들었다.

아침 일찍 며칠째 소식이 없는 그분을 찾아갔다. 그분의 집
앞 복도는 스케이트장을 방불케 하고, 현관문은 굳게 닫혀 있
다. 두드리고 불러 보아도 대답이 없다. 이 추위에 어디 여행이
라도 가셨나? 아니면 추위를 피해 자녀들 집에라도 가셨을까?
좀처럼 어디를 다니는 분이 아닌데, 돌아서는 마음이 영 불편하
다.

돌아오면 불편하지 않게 해 드리고 싶었다. 혹여나 노구에 미
끄러지기라도 하실까 염려스러운 마음에 복도의 얼음을 깨서
내다 버렸다. 복도의 얼음을 깨느라 쿵쾅거리는 소리에도 인기

척은 없다. 얼음을 깨고, 청소까지 마쳤건만 돌아오는 내내 찜찜한 기분이 가시지 않는다. 해야 할 일을 못 한 것 같기도 하고, 뭔가를 잃어버린 것 같기도 하다. 아래층에 사시는 노인회장님을 찾아갔다. 며칠째 인기척이 나지 않는다고 하신다. 혹시나 하는 마음에 그분 아드님께 전화를 드렸다. 분명 집에 계실 거라는 목소리가 수화기 너머로 아득하다.

불길한 예감은 왜 이리도 잘 맞는지. 관리실 직원의 도움을 받아 굳게 닫힌 방문을 열었다. 냉기에 갇힌 분이 거기에 계셨다. 싸늘하게 전해 오는 방 안 공기는 나를 얼어붙게 했고, 발을 뗄 수가 없었다. 조금만 더 일찍 와 볼 걸. 전화라도 자주 해볼 걸. 후회는 강이 되고 바다가 되어 넘실거렸다.

내가 그분을 처음 만난 건 아파트 동장 일을 볼 때다. 퇴근후에 가가호호 다니며 호구조사를 하고, 홀로 계시는 어르신들을 가끔 찾아뵙기도 했다. 그분은 같은 동, 같은 층에 사는 분으로 마실 가듯 드나들곤 했다. 그런 나를 믿고 의지하던 분이시다. 나 또한 고향이 같다는 이유로 언니처럼, 엄마처럼 의지하고 지냈다.

"딸내미 좀 보내주소."

인터폰이 오면 딸아이는 친할머니 대하듯 좋아하며 달려갔다. 그렇게 달려간 딸아이의 손에는 과일이나 군것질거리가 들려오곤 했다. 때로는 심부름 값으로, 치킨을 시켰는데 혼자 먹기는 너무 많아서라고 하며 친손주 대하듯 하셨다.

"딸이 사준 옷인데 작아서 못 입으니 딸내미나 주소." 수줍게 웃으시며 예쁜 옷도 사주셨다.

작은 친절에도 고마워하고, 감사와 나눔의 삶을 사는 분이셨다. 그런 분을 바쁘다는 이유로 홀로 계시게 했다는 생각에 가슴이 시렸다. 어느 해 추석 무렵에 보내주신 굴비 맛은 아직도 입속에 머물러 있는데, 그분의 흔적은 어디에서도 찾을 수가 없다. 아파트 복도에 서서 시린 하늘을 올려다본다. 오늘도 그날처럼 살갗을 에이듯 춥다. 관리실에서는 동파 방지 안내방송을 하고 있다. 그분이 사라진 복도에는 겨울 햇살이 내리고 있다.

나는 내 생을 마감하는 날, 조금 더 베풀고 살 걸, 더 많이 웃고 살 걸, 작은 친절에도 감사하고 사랑을 실천하며 살 걸이라며 껄껄껄 거리고 싶지는 않다. 날마다 새로운 오늘, 선물 같은 오늘을 열심히 사랑하며 살고 싶다.

인생은 풀어야 할 숙제가 아니라 즐겨야 할 축제다. 나는 내

생의 마지막 날, 껄껄껄 거리지 않고 눈을 감을 자신이 없어 날마다 별이 될 사람들을 지키고 서 있다.

가을은 젖은 빨래

가을이다. 방향을 잃은 바람에 커튼이 술 취한 노파처럼 흔들거린다. 때 늦은 빨래를 안고 베란다로 향한다. 노을이 검붉은 색을 띠고 있다. 젖은 빨래를 안고 하늘을 올려다본다. 취한 듯 홀린 듯 그렇게 한참을 서 있다. 정신을 차리고 보니 해는 서산으로 자맥질하고 있다.

할딱거리며 올라선 이순의 고갯마루에서 나의 가을은 어떤 모습일까, 어떤 색깔일까, 또 나의 겨울은 어떻게 채색해야 할까 생각해 본다.

나도 모르게 들어선 어둠이 나를 짓누를 때가 있다. 툭툭 던지는 무의미한 말들에 상처를 받기도 한다. 수군대는 뒷담에 날을 세우기도 한다. 말이 말을 만들어 말 위에 말이 쌓이고, 그

위에 또 말들이 쌓여 말의 쓰레기들이 쌓인다. 말의 홍수에 떠밀려 휘청거린다. 저녁노을처럼 물들고 싶었던 나의 가을에 얼룩이 번지고 있다. 나는 어느새 말의 무게를 달고, 길이를 재고 있다.

늦은 아침으로 먹는 소금빵이 속 빈 강정 같다는 생각이 듦과 동시에 회칠한 무덤이 연상된다. '무덤에 회칠하다니, 왜?'라는 의구심이 든다. 이스라엘에서는 부정을 타지 말라는 의미로 무덤에 회칠을 했다고 한다. 하얀 무덤은 빛을 받으면 아름답게 보였고, 이방인들의 눈으로 봤을 때는 장식으로 볼 수도 있었다고 하니 우리의 정서와는 너무 다르다는 생각이 든다. 흙으로 덮으면 풀도 자라고, 가끔은 꽃도 피고, 벌 나비가 찾아와 더 아름답지 않을까. 풀 한 포기 나지 않는 삭막한 무덤이 뭐가 아름답다는 걸까.

"사람은 누구나 양면성을 가지고 있다. 겉은 깨끗하고 화려하나 속은 썩은 살과 뼈다귀를 가진 냄새나는 모습을 가지고 있는 사람이 있는가 하면, 겉과 속이 다 깨끗한 사람도 있다. 양면이 똑같아야 주위 사람들로부터 인정받는 사람이 되는 것이다. 우리는 겉과 속이 다른 사람이 되어서는 안 된다. 회칠한 무덤이란 첫째 희생 없는 사랑, 둘째 사랑 없는 봉사, 셋째 봉사 없는 신앙"이라고 하던 지인의 말이 이해는 되지만 온전히 내 것으로 받아들여지지는 않는다.

'사람은 누군가에게 평가받아야 할 존재가 아니다. 사랑받아야 할 존재이다. 믿을 대상이 아니라 사랑을 해야 하는 대상이다.'라고도 한다. 마땅히 사랑을 베풀어야 하는 줄을 머리로는 생각하면서 가슴으로 풀어내기가 쉽지 않다. 갑갑한 마음을 냉수로 달래 본다. 소리를 질러 본다. 사람 없는 성당에서 울어도 본다. 내 탓이라며 가슴도 쳐 본다. 사랑을 베풀어야 사랑받을 수 있다는 걸 알면서도 가슴에 울림이 없으니 갈 길은 아직도 멀다.

시속 60km를 달리고 있는 인생 열차에 가속을 더해 가는 오늘에서야 회칠한 무덤에 대한 진정한 의미를 조금 알게 된 것도 같다. 주변 환경에 따라 자신의 정체성이 훼손될 수 있음을 경계하고, 나쁜 친구나 환경에 물들지 않도록 주의하라는 의미로 고려말 충신 정몽주의 어머니가 지은 '백로가'와 같은 맥락이라는 생각도 든다.

기어 다니던 어린아이가 차츰 두 발로 일어나 허리를 펴고 곧게 걸어가듯, 물음표로 남아 있던 의구심이 느낌표로 가고 있는 듯하다. 머릿속의 물음표가 곧게 뻗은 느낌표가 되어 가슴까지 내려오는 데는 또 얼마나 긴 시간이 걸릴지 모를 일이다.

나를 돌아본다. 이웃에게 비친 나의 모습은 어떠한지, 늘 한결같은 마음으로 언행이 일치된 삶을 살고 있는지, 말이나 행동에서 위선적이고, 과장되지는 않았는지 곱씹어 본다. 혹여 말로 상처를 주지는 않았는지. 겉은 화려하고 아름답게 보이지만, 냄새나는 썩은 살과 뼈다귀를 감추고 있지는 않았는지. 나의 가치관과 맞지 않는 집단이나 환경에 무리하게 적응하려 하지 말고, 나 자신의 정체성을, 본질을 지키며 살아야겠다.

나의 가을은 술 취한 노파처럼 바람에 흔들리는 커튼이다. 때 늦은 젖은 빨래다. 석양도 지나치게 붉으면 사람을 홀리나 보다. 아랫배가 서늘하다. 이제 젖은 빨래를 널어야겠다. 방향을 잃은 바람에 흔들리는 커튼을 묶고, 자와 저울도 내려놓아야 하겠다.

아무렇게나 피는 꽃은 없다

바람이 몹시 차다. 겨울의 길목에서 우체국을 찾는다. 모처럼 내 것이 아닌 내 것을 보내기 위해 들른 우체국이다. 보내는 마음이야 허전할 수도 있겠지만 받는 사람을 생각하며 미소를 지어 본다.

지인을 만나기 위해 약속보다 일찍 나와 우편물을 보내고 남은 시간을 서성거리고 있다. 바람을 등진 창틀 위에 작은 액자가 눈에 들어온다. 켈리그라피를 하는 분이 있나 보다. 앙증맞은 액자 속의 글들 가운데 유독 눈에 들어오는 글귀가 있다.

'들꽃은 아무렇게나 피지만 아무렇게 살지는 않는다.'

순간, 이 글을 쓴 사람이 몹시 궁금해졌다. '들꽃들을 아무렇게나 피는 꽃으로 생각하는 그는 누굴까. 나와는 너무나 다른 생각을 가진 사람이 있구나.'라는 생각이 들었다.

봄부터 지천으로 피어나는 들꽃들을 아무렇게나 피어나는 걸로 생각하다니 달콤한 커피 생각이 간절하다. 유독 들꽃을 좋아하는 나라는 사람이 더 이상한 건지도 모르겠다.

국화만이 소쩍새의 울음소리를 듣지는 않았을 것이다. 국화만이 먹구름 속에서 우는 천둥소리를 듣지도 않았을 것이다. 한 송이의 국화꽃을 피우기 위해 소쩍새가 울고, 천둥이 먹구름 속에서 울었다고 치자. 사군자라는 이름으로 뭇 선비들의 붓끝에서 머물러야만 의미 있게 피는 꽃일까.

들꽃들의 삶을 생각한다.

한 알 씨앗으로 남아, 길고 긴 겨울을 차디찬 땅속에 웅크리고 앉아 봄을 기다리는 그들의 인내를 본다. 벽에 걸린 달력이 이제 막 한 장을 넘기면 그들은 잠에서 깨어난다. 솜이불 같은 두꺼운 흙덩이를 뚫고 나와 기어코 꽃을 피워 올린다. 길고 긴 어둠 속에 잠들어 있던 대지를 깨우고 나를 깨운다. 들꽃들의 삶은 서럽고도 아름답다.

가끔은 너무 일찍 나와 심술을 부리는 동장군에게 호된 매를 맞기도 한다. 때로는 무심한 사람들의 구둣발에 무참히 짓밟히

기도 한다. 채 피기도 전에 가축의 먹이가 되기도 한다. 온 산천을 가득 채우고 나면 아직도 겨울잠을 자고 있는 정원에 불쑥 고개를 들이밀며 봄소식을 전하기도 한다. 단지 봄소식을 전하려 했을 뿐인데 아무렇게나 뽑아 던져 버렸을 그 손길이 생각난다. 내가 가꾸지 않았으니 내 것이 아니라고, 내 것 아닌 내 것을 무심히 보내 버린 건 아닐까.

아무렇게나 태어나서 아무렇지 않게 살기는 쉽지 않을 터이다. 의미 있게 태어났으니 의미 있게 살아가는 것일 것이다.

세상에 존재하는 모든 것은 의미 없는 것이 없다. 존재하는 모든 것은 아무렇게 피어나거나, 만들어지거나, 태어나지는 않았으리라. 잘못된 인간의 생각이 착각을 일으킨 것일 뿐, 존재하는 모든 것은 의미가 있다. 잘 정돈된 정원이나, 공원에 핀 꽃들, 이름이 잘 알려진 것들에만 의미를 부여하는 오류를 범하지 말아야 할 것 같다.

폐지를 주워 생활하는 허리 굽은 노인들, 차가운 지하도 바닥에서 신문지 한 장에 의지해 새우잠을 청하는 노숙자들도, 그냥 아무렇게나 태어나지는 않았을 것이다. 어느 댁 귀한 아들딸로 태어났건만, 세월의 무게를 감당하지 못해 피어보지도 못한 채

시들어갈 수도 있는 것 아닐까. 세상의 그 무엇도 아무렇게나 태어나 아무렇게 살지는 않을 것이다.

내 것이 아닌 내 것을 보내고 눈을 들어 세상을 본다.

겨울이 오고 있다. 기나긴 겨울, 한 끼 식사를 위해 온몸을 불사르는 생명 있는 모든 것들, 누군가에게 의미로 존재하는 모든 것들을 생각해 본다. 낮은 곳으로 시선을 돌린다. 끝없이 오르려고만 하던 욕망을 접어두고 존재하는 모든 것들로 시선을 모은다.

아무렇게나 피는 꽃은 없다.

달빛 속으로

창밖이 너무도 밝다. 새벽이라고 하기에는 너무 밝고, 한낮이라고 하기에는 어중간하다. 느낌이 이상하다. 벌떡 일어나 시계를 보니 2시 50분. 방문을 열고 거실로 나오니 사위가 고요하다. 살며시 안방 문을 연다. 남편의 코 고는 소리가 나지막하게 들린다. 다시 거실로 나와 커튼을 열고 하늘을 보니 둥그런 보름달이 싱긋 웃는다.

아하, 오늘이 정월 대보름!

초저녁부터 곯아떨어져 마중하지 못했더니 기다리다 지친 달님이 나를 깨운 것이다. 크게 기지개를 켠다. 달님에게 넙죽 큰절을 올리며 마중하지 못했음에 미안함을 전한다. 달님, 둥그런 얼굴을 환하게 빛내며 한쪽 눈을 찡긋한다.

해마다 정월 대보름이 되면 오곡밥에 갖은 나물 반찬으로 배를 불리던 시절이 있었다. 새벽부터 분주한 어머니의 발걸음은 아랫목에 웅크리고 잠든 우리들의 아침을 깨웠다. 어머니는 보름날이면 봄에 산과 들에서 채취해 말려 두었던 나물들을 불리고, 곳간에서 잡곡들을 꺼내 오셨다. 데치고, 볶고 무치는 손길을 참기름 들기름이 따라다녔다. 기름 향에 버무려져 차려진 향기로운 식탁. 설 명절보다 더 풍성해진 식탁에 우리의 혀와 눈은 방향을 잃었다.

쐐기에 쏘이지 않으려면 대보름날 꼭 먹어야 한다며 아주까리 나물은 빠트리지 않고 챙겨주셨다. 어머니를 오래오래 곁에 두고 싶어서일까. 아주까리 나물은 지금도 재래시장 구석구석을 돌며 기어코 찾아내어 정월 대보름 밥상에 올리는 내가 제일 좋아하는 나물이 되었다.

잔뜩 먹어 부족함이 없음에도 불구하고 동네 개구쟁이들은 손에 손에 조리를 들고 집집을 다니면서 잡곡밥과 나물들을 얻어다 동구 밖에서 또 먹어 치웠다. 그때 부른 배가 아직도 꺼지지 않은 것을 보면 그 시절엔 인심도 후했었나 보다.

마을의 젊은이들이 지신밟기로 마을을 한 바퀴 돌고 나면, 개구쟁이들은 정월 대보름달 같은 배를 안고 쥐불놀이했다. 마을 어귀에 있는 빈 논은 자기의 영토를 기꺼이 동네 개구쟁이들에게 내주었다. 뭐니 뭐니해도 화력엔 쇠똥이 최고라며 마른 쇠똥을 주워다 불을 붙여 구멍 뚫린 깡통에다 넣고 돌렸다. 쥐불이 든 깡통을 돌리며 윗마을 아이들과 불싸움도 했다. 마지막까지 불씨를 가지고 있는 팀이 이기는 싸움이었다. 여기에서 이겨야 금 년 농사가 풍년이 든다며 악악거리고 덤비던 소리가 아직도 귀에 들리는 듯 쟁쟁하다. 깡통의 불이 사그라들고, 쥐불놀이도 시들해지면 아이들은 하나둘 집으로 돌아갔다. 이때쯤이면 정월 둥근 달은 제법 토실해져 있었다.

어머니는 지난 설날에 만들어 항아리 속에 저장해 두셨던 강정을 꺼내다 들마루에 놓고 우리를 기다리셨다. 땅콩이나 호두를 대신하는 부럼이었다. 강정을 먹으며, 치아를 튼튼하게 하고 일 년간 부스럼이나 종기가 나지 않게 해 달라고 달님에게 소원을 빌었다.

어머니의 정성과 사랑이 담긴 강정은 그 어떤 부럼에 쓰이는 견과류보다 효과가 좋았던지 부스럼과 종기는 담벼락에 걸려 해를 넘겼다. 조청을 고아 만든 강정은 생명의 맛이요, 우리 민

족의 맛이라고나 할까. 암튼 그랬다. 그러기에 그 시절 얼어붙은 앞 개울에서 종일 얼음을 지치다 꽁꽁 언 두 손과 발을 비비고 호호 불며 지쳐 잠이 들어도 다음날은 거뜬히 일어날 수 있었다. 살아 숨 쉬는 공기, 물, 음식들을 먹고 마시며 맘껏 뛰어놀았기 때문이리라.

고요한 새벽, 드뷔시의 달빛 선율에 발을 담근다.

요즘 어린 친구들은 오늘이 정월 대보름이라는 걸 알까, 명절의 의미는? 달 토끼와 계수나무는… 로켓만 타면은 달나라에 갈 수 있다고 큰소리치며 눈에 보이는 것, 과학으로 증명되는 것만이 옳다고 우겨대는 것은 아니겠지.

오염된 공기, 오염된 물과 음식들을 먹고 마신다. 잠시나마 하늘을 올려다볼 여유도 없다. 각박한 현실 앞에 한없이 무너져 내리는 인간의 나약함을 본다. 눈에 보이지도 않는 바이러스의 노예가 되어 끌려다닌다. 코로나 팬데믹 시대의 어린 친구들을 보면 가슴이 먹먹해진다. 좋은 것들을 좋은 것으로 물려주지도, 남겨주지도 못하고 마구잡이로 먹어 치운 우리 세대의 부끄러운 민낯이며 현실이다. 되돌릴 수 없으면 유지라도 해서 이 땅의 주인이 될 다음 세대에게 조금이라도 덜 미안해졌으면 좋겠다.

오랜만에 맑은 하늘에서 미소 짓는 달을 보며 다음 세대 주인 공이 될 젊은 친구들을 생각한다. 새벽 선잠에서 깨어나 올려다 본 달은 오늘따라 왜 또 저리 맑고 밝은지. 붉어지는 얼굴을 애써 감추며 달빛 속으로 숨어든다.

초겨울 단상

첫 추위에 놀란 가을이 이불을 비집고 들어온다. 이불 속의 가을을 뒤로하고 상당 산성을 향해 집을 나선다. 산성의 가을은 안개 속에 갇혀 있다.

아침 햇살은 안개 속에 숨은 가을을 찾아내고 있다. 가을은 일행을 기다리다 지쳐버린 내게 여유를 가지라 한다. 성벽 한 귀퉁이의 담쟁이가 겨울로 향하는 길목에서 작은 손을 흔들고 있다. 바람이 서늘하다. 이제 막 어미 품을 떠난 듯한 산새 한 마리가 선잠에서 깨어나 어설픈 날갯짓을 한다.

산성의 동문에 이르니 발밑을 맴돌던 안개가 물러난다. 고운 단풍을 보리라는 기대감에 주변을 둘러본다. 갑작스러운 추위에 놀란 나뭇잎들이 작은 바람에 바스락 소리를 내며 떨어진다.

곱게 물들고 싶었을 작은 소망을 뒤로하고 떨어지는 나뭇잎에서 아쉬움이 묻어난다.

일행 중 한 사람이 올가을은 추위가 느닷없이 들이닥쳐 단풍이 곱지 않다며 투덜댄다. 덜 고우면 어떻고 더 고우면 어떠리 단풍은 단풍인 게지. 한 생을 열심히 살아왔을 나무들의 마지막 몸부림을 어찌 다 헤아릴 수 있을까, 미우면 미운 대로 고우면 고운대로 잘했다 대견하다 한마디 해주면 좋을 것을. 고운 단풍처럼 물들고 싶었던 욕심을 잠시 내려놓으며 나무들의 삶을 본다.

긴긴 겨울 모진 바람을 이겨내고 기어이 싹을 틔워 마침내 한 송이 꽃으로 피어났던 봄날의 아름다움, 작열하는 여름의 태양 속에 타는 듯한 목마름을 견뎌 내고 푸른 열매를 맺던 여름날도, 풍성하게 익어가던 가을날의 기억마저도 모두 추억으로 넘기고 겨울로 향하는 나무는 언제나 빈손이다.

태어나는 순간부터 빈손이었던 인간은 마지막 순간에도 빈손일 것임을 망각하고 움켜쥐려고 발버둥을 치고 있다. 죽을힘을 다해 움켜쥐고, 쌓아두어도 결국은 빈손인 것을. 우리는 늙어가는 것이 아니라 익어가는 것이라고 아무리 악을 쓰고 소리쳐 봐도 결국엔 늙어 감이며, 죽음을 향한 발걸음임을 부정할 수는 없다.

산다는 것은 속울음을 삼키는 것, 나는 나의 조용한 몸짓으로 속 울음을 삼킨다. 굳이 나라는 존재를 알리지 않아도, 나는 나인 것을 겨울나무로부터 배운다. 가져가지도 못하는 것들을 온전히 내어 주고 당당히 겨울바람에 맞서고 싶다. 내 생에 겨울이 오면 나 또한 겨울나무처럼 아낌없이 주고 왔노라고 말하고 싶다. 아니, 그럴 수만 있다면 초라하고 보잘것없는 내 삶에 약간의 위로가 되지 않을까?

안녕 치알봉

애꿎은 시간은 냉정하게 흐르고 있다. 먼발치서 바라보는 치알봉이 하얗게 눈을 이고 있다. 첫눈에 반해 취한 듯 미친 듯 다니던 곳이다. 이런저런 핑계로 몇 해째 가지 않고 있다. 바빠서 혹은 무릎이 아파서라는 이유는 단순한 핑계이다. 치알봉 등산로에 설치된 데크 길이 싫어서라는 것이 가장 큰 이유라면 이유일 수도 있겠다.

그날도 사람의 손길이 닿지 않은 돌로 쌓은 호점산성山城의 매력에 빠져 습관처럼 찾아갔다. 산성은 저만치 치알봉을 품고 나를 반기고 있었다. 산은 나의 휴식처였다. 지치고 힘들 때, 영혼이 메말라 갈 때 산은 말없이 나를 반겨 주었다. 산에서는 이기심도, 시기심도 찾아볼 수 없었다. 질책하지도, 꾸짖지도 않고, 있는 그대로의 나를 받아 주었다. 사람의 손때가 묻지 않은 호점산은 더더구나 그런 듯했다.

봄이면 복사꽃 살구꽃으로 향기를 더하고, 온갖 종류의 꽃들을 피워 올렸다. 때로는 설익은 돌 복숭아를 내놓기도 하고, 농익은 으름 나무 열매를 넘치도록 내놓기도 했다. 바람 소리, 물 소리, 딱따구리 소리는 멋진 화음을 이루었다. 여러 가지 무늬들이 새겨져 있는 검정 돌판들이 내게는 하나의 작품으로 보였다. 작은 미술관처럼 느껴졌다. 아낌없이 내어놓는 어머니 품속 같은 산의 매력에 흠뻑 취해 오르고 또 올랐다.

어느 때와는 달리 그날은 반대쪽 능선을 타고 올라갔다. 침목으로 된 몇 개의 계단을 올라 인적없는 산길로 접어들었다. 바람 소리 새소리로 찌든 영혼의 묵은 때를 벗겨 냈다. 맑은 공기로 심호흡하고 고개를 들어 하늘을 올려다보았다. 적당한 높이의 나뭇가지에 참새라고 하기에는 너무 조용한 한 무리의 새들이 보였다. 얼핏 오리 같기도 하고, 솟대 같기도 하다. '이 산속에 누가 왜 솟대를 세워 놓았을까' 가까이 가서 보니 커다란 참나무 가지 여기저기에 혹이 매달려 있었다. 그 나무뿐만이 아니라 주변의 나무들도 똑같이 혹을 매달고 있었다.

외부에서 바이러스나 세균, 병원균이 침입하였을 때 나무 스스로가 구획을 만든다. 녹병 등 곰팡이에 의한 혹병이 발생하기도 한다며 사람으로 치면 암癌 같은 거라고 하던 어떤 분의 말씀이 생각났다. 암이라니? 이렇게 맑고 깨끗한 환경에서 밝은 햇살과 맑은 바람을 맞으며 사는데, 도대체 이 나무들에게 무슨 일이 있었던 걸까. 나무 혹이 세균이고, 암이라면 치료하면 낳을 수 있을까. 치료를 받지 못하면 서서히 죽어 가는 것은 아닐까. 안타까움에 눈길을 거둘 수가 없었다.

시간의 파도에 떠밀려 발걸음을 옮겼다. 산성의 돌 하나하나, 나무 한 그루 한 그루, 작은 풀 한 포기에도 애정 어린 눈길을 보내며 반대편 능선을 따라 내려왔다. 한참을 내려오는데 예전에 보지 못했던 광경이 눈에 들어왔다. 사람의 손때가 덜 묻어서 즐겨 찾았던 호점산에 데크가 설치되어 있었다. 호젓한 산길에 데크라니, 언제부터였는지 모르지만 데크에 밧줄까지 설치되어 있었다. 인간의 이기가 호점산을 가득 메우고 있었다. 사람들에게는 편리할지 모르겠지만 산에게는 고통일지도 모른다. 순간 아찔해졌다. 맥 빠진 다리에 힘을 주고 간신히 내려오는데, 여기저기 공사에 썼을 법한 목장갑과 음료수 깡통들, 음식을 담았던

플라스틱 용기들이 또다시 실망을 안겨 주었다.

충북의 각 시, 군에 설치된 데크 길이 2023년 현재 189개, 전체 길이 66.38Km에 달한다. 하지만 데크 길에 대한 설치와 안전이나 관리 기준이 없다. 조경 시설물일 뿐 공공 시설물에 포함되지도 않아 안전관리 대상이 아니다. 그런데 이런 데크를 무작위로 설치해도 되는지 모르겠다. 안전을 위해 설치했다고 하지만, 호젓한 산길이다. 문화재로 보호되어야 할 유물인 고로봉형 호점산성. 산성을 복원하지는 못할망정 자연경관을 해치면서까지 굳이 데크를 설치해야만 했을까? 한 번쯤 생각해 볼 문제다.

호젓함이 좋아서, 사람들이 많이 다니지 않아서, 태곳적 산의 모습을 가지고 있는 듯해서, 즐겨 찾았던 호점산의 데크가 마음속에 상처가 되어 깊숙이 터를 잡았다.

데크를 설치하기 위해 울렸을 망치 소리에 놀란 나무들, 산새들, 들꽃들이 받았을 아픔이 고스란히 전해 오는 듯했다. 다시 또 여기를 찾아올 수 있을까, 오고 싶은 마음이 생길까, 호점산의 모든 것들에 미안함을 실어 작별을 고했다. 아픈 무릎보다 더 아픈 가슴을 안고 내려오는 산길에 어둠이 내리고 있었다.

2.

내 인생 최고의 날

버리면 가벼운 것을,

버리면 편안한 것을,

버리지 못하고,

내려놓지 못하는 나에게

묵은 신발은 내려놓으라고 한다.

−본문 중에서

맥파 麥波

쑥 향기가 새벽을 깨운다.

봄 마중을 나갔다가 한 줌 뜯어 온 쑥으로 된장국을 끓인다. 온 집안에 쑥 향기가 가득하다. 며칠 전 통영에서 택배로 달려와 냉동실에 얌전하게 잠들어 있는 싱싱한 굴을 깨워 끓고 있는 된장국에 향기를 더한다.

이순의 봄은 쑥 향기를 싣고 내게로 온다. 향기에 취해 마음은 고향으로 달려가고 있다. 복숭아꽃, 살구꽃이 만발한 언덕을 넘어온 봄은 보리밭 이랑을 헤집고 종다리를 깨우고, 개구리들을 깨운다.

이불 끝자락에 내려앉은 봄은 달뜬 나를 들로, 산으로 내몬다. 새싹이 돋았네. 나물이 나왔네. 꽃들이 피었네. 속살거리며 이불 속에 발을 담그고 있는 나를 기어코 밖으로 끌어낸다. 이 끌리듯 나온 내 손에는 금세 봄 향기로 가득하다. 바구니 가득 담겨 온 봄은 엄마를 시장으로 내몬다. 엄마의 치맛자락에서 봄 바람이 인다.

엄마의 치맛자락에서 일던 바람이 보리밭 사이로 난 작은 길을 따라가고 있다. 나는 어느새 보리밭 사이를 걷고 있다. 손끝에 느껴지는 보리의 깔끄러운 감촉마저 싱그럽다. 젊음, 그것은 젊음이다.

살랑대는 바람은 보리밭에 물결을 만들어 낸다. 청보리의 숨결이 인다. 소리 없이 누웠다 일어나는 흔들림. 보리와 바람의 소통이다. 화합이다. 하나 됨이다. 바람의 지휘에 따라 이루어지는 군무群舞다. 아련한 기억 저 너머로부터 오는 봄의 물결. 맥파麥波. 그것은 차라리 파도다. 아~ 긴 탄성이 터져 나온다. 맥파에 온몸을 내맡긴다. 등줄기를 타고 촉촉한 감촉이 올라온다. 햇살은 내게 눈을 감게 한다. 하늘이 보리가 되고, 보리가 하늘이 된다. 하늘과 보리와 내가 하나로 뒹굴고 있다.

모든 사물은 저마다의 언어를 가지고 있는 듯하다. 내가 알지 못하는 그들의 언어들. 자기들만의 언어로, 몸짓으로 대화를 나

눈다. 혹은 작게, 혹은 크게 몸을 흔들며 자산들만의 언어로 노래 부른다. 자신들만의 언어와 몸짓으로 한껏 푸르름을 자랑한다. 보리밭에 누워 그들의 소리를 듣는다. 바람과 어울려 흔들거리는 청보리의 몸짓을 본다. 바람을 타고 온 봄은 향기를 실어 나른다. 종다리의 노래를 실어 나른다.

나는 나의 젊은 날의 기억에서 헤어날 수가 없다. 아니, 할 수만 있다면 그대로 머무르고 싶다.

봄은 젊음이다. 청춘이다. 청록의 싱싱함이다.

이순을 훌쩍 넘어선 육신을 가진 나지만 마음은 언제나 청춘이다. 청춘의 젊음을 유지하고 싶은 욕심은 이순의 나이에도 어쩌질 못한다.

쑥 향기에 잠에서 깨어난 남편이 나의 상상을 깨운다.

"음~ 향이 장난 아닌데."

그이의 목소리에도 봄이 오고 있다. 이순의 봄은 쑥 향기에 버무려져 맥파에 묻힌다.

플러스마이너스 20

나에게 서울은 플러스마이너스 20이다. 딸아이가 유학차 서울로 와 있을 때도 그랬고, 정기검진을 위해 병원을 오가는 지금도 그렇다.

난생처음 만난 스무 살 시절의 서울은 나에게는 낯설기만 했다. 노래 가사로만 듣던 미아리에서 하루하루는 늘 새롭고 낯선 날들이었다. 주위 사람들이 따뜻하게 다가와 감싸주어도 내게 서울은 여전히 낯설고 어설펐다. 출판사 일도 낯설었고, 사람들도, 말씨도 모든 게 낯설고 어설프기만 했다.

50대의 서울은 이방인들의 도시였고 딸아이의 도시였다. 딸아이와 고궁을 다니고 카페에서 맛있는 커피를 마셔도 여전히 서울은 낯선 이방인들의 도시였다.

병원 진료를 위해 고속버스에 몸을 실은 현재의 서울은 플러스마이너스 20이다. 운이 좋아 길이 막히지 않으면 평균 1시간 40분 소요되는 서울 나들이는 빠르면 1시간 20분 만에 오갈 수도 있다. 출근 시간에 맞물리거나 도로에 공사라도 있는 날이면 정체 시간은 기본 20분이다. 소요 시간 1시간 40분이 최소 두 시간은 되는 것이다. 그러니 나에게 서울 나들이는 플러스마이너스 20인 게다.

오늘은 유난히도 정체 시간이 길어진다. 진료 시간에 늦지 않으려고 여유 있게 나선 길이지만 글쎄다. 지루함을 달래려고 차창 밖으로 눈을 돌린다. 여름 나무들은 초록을 뽐내고, 능소화는 바람을 탄다. 고속도로 옆 작은 언덕에 피어 있는 자운영꽃 무리가 앙증맞다.

멈추면 비로소 보이는 것들, 자세히 보아야 아름다운 것들이 눈에 들어온다. 마음에 여유가 생기니 서울도 낯설지만은 않다. 오늘 나의 서울은 외롭지 않다. 병원에 도착하니 게시판에 올라온 진료 대기시간 40분 연장. 다시 쳐다본 전광판, 대기시간 50분 연장. 이 시간이 길게 느껴지지 않는 건 느림의 미학을 배워가는 까닭일까?

진료를 기다리는 사람들, 그중에 또 하나의 나를 본다. 나에게 서울은 조금씩 익숙해져 가는 플러스마이너스 20이다.

내 인생 최고의 날

쪽배로 망망대해를 건너다 고개를 든다. 하늘 끝까지 닿을 듯한 산이 앞을 가로막는다. 오르고 또 오른다. 기다시피 간신히 올라선다. 발아래는 천 길 낭떠러지다. 칼날 같은 산 위에 위태롭게 서 있다. 한 발짝만 움직이면 깊이를 모르는 수렁으로 떨어질 것만 같아 옴짝달싹할 수가 없다. 도움을 청하려 해도 주위에는 아무도 없다. 무서움에 치를 떨며 정신을 수습하려 애를 쓴다.

꿈이다.

같은 꿈을 반복해서 꾸고 있다. 도대체 왜 이런 꿈을 꾸는지 모르겠다. 멀리 해외로 나가 있는 딸아이에게 무슨 일이 있는 건 아니겠지? 염려스러운 마음에 시계를 본다. 새벽 3시. 현지

시각으로 오후 8시다. 떨리는 마음으로 전화를 건다.

"알로?"

딸아이의 활기찬 목소리에 안도의 한숨을 내쉰다. 놀란 가슴을 쓸어내리고 잠을 청해 보지만 한 번 달아난 잠은 다시 오지 않는다. 밤잠을 설치고 나서는 출근길이 찌뿌둥하다. 공연히 죄 없는 남편에게 성질만 부린다. 영문도 모르고 어리둥절해하는 남편에게 미안한 마음만 남기고 출근을 서두른다. 마음이 영 개운하지 않다.

며칠을 찜찜한 기분으로 보내고 있는데 직장에서 전 직원 건강검진을 하라고 했다. 우편으로 받아본 검진결과표에 이상소견이 있으니, 재검하란다. 재검 일정을 잡아 병원을 방문했다. 검진 결과는 암癌이었다. 순간 올 것이 왔구나 하는 생각이 들었다. 정신없이 앞만 보고 달렸으니, 고장이 날 만도 하지. 어지간히 부려 먹었어야지. 하고많은 병 중에 하필이면 암이라니. 집으로 돌아오는 길이 왜 그리도 멀게 느껴지는지. 잔뜩 찌푸린 하늘은 한바탕 비라도 퍼부을 기세였다.

수술 일정을 잡았다. 수술 전날 두 아들과 함께 지낸 하룻밤은 빨리도 지나갔다. 잠깐 눈을 붙였나 싶었는데 아침이었다.

수술방으로 나를 밀어 넣는 아들들의 눈을 쳐다볼 수가 없었다. 죄인처럼 떠밀려 들어가는 가슴이 옥죄여 왔다. 파란 가운을 입은 사람들이 오가고, 차가운 액체가 혈관을 타고 들어오는가 싶더니 까무룩 해졌다.

생시인 듯 꿈결인 듯 누군가 흔들어 깨웠다. 아들은 보이지 않고, 마스크를 한 웬 남자가 내려다보고 있었다. 저승인지 이승인지 분간이 되지를 않았다. 정신을 가다듬고 다시 보니 남편이었다. 감기에 걸렸는지 쿨룩거리며 내려다보는 남편은 대수술하고 나온 나보다 더 환자 같아 보였다. 남편에게 걱정을 끼쳐 미안하다고, 아파서 미안하다고 죄인이 된 기분으로 중얼거린 기억만 난다.

암이라는 말을 들었을 때도, 수술대 위에서도, 심지어 수술 후에도 나는 그저 덤덤하기만 한데 지켜보기만 한 남편이 몸살에 감기라니 어이가 없었다. 남편을 집으로 돌려보냈다. 그저 편안하게 쉬고 싶었다. 아무도 옆에 두고 싶지 않았다. 혼자 조용히 쉬고 싶다는 생각뿐, 어떤 생각도 들지 않았다.

하느님께서는 나를 이렇게 쉬게 하시는구나. 도대체 말을 듣지를 않으니 크게 꾸짖으시나 보다. 그래 이참에 좀 쉬지 뭐라고 마음을 다잡으며 침상에 길게 누웠다. 편안한 마음으로 쉬려한 건 나의 또 다른 교만이었을까? 이튿날 나와야 하는 가스가 나오지를 않았다. 운동을 해야 가스가 나온다는데 졸음은 왜 또 그렇게 쏟아지는지 정신을 차릴 수가 없었다.

다음날도 그다음 날도 나오라는 가스는 소식이 없고, 나의 대장은 깊은 잠에서 깨어나지 못하고 있었다. 콧줄을 꽂았다. 목구멍을 비집고 들어오는 이물질을 내 몸은 강력히 거부했다, 강제로 비집고 들어와 내 위 속에 자리를 잡은 기다란 고무호스는 마치도 제집인 듯 터를 잡았다. 아무것도 먹지 말라는 엄명이 떨어졌다. 목구멍은 불이 난 듯 타들어 가는데 물도 먹지 말라고 했다. 몇 방울의 물로 입안을 헹궈내는 것으로 갈증을 달랬다.

운동해야 가스가 나온다길래 무작정 걸었다. 걷다가 자고, 자다가도 걷고, 마치 몽유병 환자처럼 온 병원을 걷고 또 걸었다. 가스가 조금씩 나오기 시작하자 콧줄을 빼고 죽을 먹었다. 이윽고 밥을 먹기 시작하자 이제는 변이 나와야 한다고 했다.

남들은 3일이면 퇴원한다고 하는데, 일주일이 다 되도록 대변은 나올 기미가 없어 보였다. 다시 콧줄을 꽂고 항문에다 호스를 꽂았다. 심한 재채기에 콧줄은 위장을 벗어났고, 항문에 꽂혀있던 호스도 항문을 벗어났다. 그러기를 두어 차례 반복한 후에 나의 대장은 깊은 잠에서 깨어났다. 미련한 대장 같으니라고, 애꿎은 대장을 나무라면서 보름간의 서울 나들이는 막을 내렸다.

집에서 가까운 병원에서 일주일을 더 머물다 집으로 돌아왔다. 그러나 그게 끝이 아니었다. 싸움은 지금부터였다. 음식을 가려 먹어야 하고, 많이 걸어야 하고, 단백질은 꼭 챙겨 먹어야 했다. 주기적으로 병원을 가야 하고, 검사도 받아야 했다. 나의 몸과 마음은 서서히 지쳐가기 시작했다. 이렇게 사는 것이 과연 옳은 일인가, 이렇게 살아야만 하는가, 별의별 생각이 머리를 헤집고 다녔다.

하느님께 매달리며 기도에 전념했다. 교만함과 이기심으로부터 나를 구해 주시고 새로 나게 해주십사고. 지금의 이 싸움을 이겨낼 수 없다면 차라리 데려가 달라고.

몇 달이 지났을까. 아니 몇 년이 지났는지도 모르겠다. 진료를 위해 병원으로 가는 지하철역에서였다. 나의 기도에 대한 응답인 듯 평소에는 잘 보이지도 않던 하나의 문구가 퍼뜩 눈에 들어왔다.

"The best day has yet to come for me."

(내 인생 최고의 날은 아직 오지 않았다.)

그래. 내 인생 최고의 날은 아직 오지 않았어. 이루어 놓은 것도 남길 것도 없는데 여기서 포기할 수는 없지. 나의 삶은 지금부터야. 맥 풀린 다리에 힘을 싣고 다시 달려보는 거야. 삶은 희망이니까. 힘을 내자. 암은 병이 아니라 내 몸이 주는 신호라고 했어. 다지고 또 다졌다. 한결 편해진 마음으로 내딛는 발걸음이 가벼워졌다.

나의 기도에 응답해 주신 하느님께 감사드리며, 난 오늘 벼랑 끝에서 비상을 꿈꾼다. 내 인생 최고의 날을 위하여.

신발 밑창

발밑의 느낌이 이상했다. 신발 밑창이 신발을 떠나려는 느낌?

오래되어 길이 든 구두를 신고 집을 나섰다. 구두는 발에 맞춤했다. 잘 신고 왔다며 좋아하는데 돌아오는 길에 왼쪽 신발이 불편했다. 알 수 없는 불편함이 불안함으로 바뀌어 갈 즈음 집에 도착했다. 신발을 벗어들고 들여다보니 신발 굽이 한쪽으로 기울어지면서 구멍이 나 있었다. 속이 빈 신발이다. 미련 없이 이별했다.

지난달 일이다. 나름 멋을 내고 신발장 문을 열었다. 구석에 한 쌍의 구두가 보였다. 오늘 같은 날에 어울리는 신발이다. 가볍고 산뜻한 색의 신발을 신고 나서니 병원 가는 길도 나쁘지만은 않았다. 버스에서 내려 병원까지는 걷기로 했다.

주변 풍경에 취해 걷고 있는데 발바닥이 간질간질한 것 같았다. 곁 눈짓으로 보니 신발 밑창이 삐죽이 입술을 내밀고 있었다. 뭔가 못마땅한 눈치다. 밑바닥 신세를 면하고 싶은 건가. 세상 구경을 하고 싶은 건가. 조금만 참아주기를 바랐다. 이런 내 마음을 아는지 모르는지 진료실을 찾는 내내 신발 밑창은 조금씩 조금씩 밀려 나오고 있었다. 무시로 신발 밑바닥을 힐끔거렸다.

채혈 후 두 시간을 기다려야 했다. 병원 내에 신발가게도 구두 수선집도 있을 리 만무하다. 밖으로 나가 신발가게를 찾기에는 서울이라는 도시가 너무 낯설었다. 그야말로 난감했다.

간신히 진료를 끝내고 돌아오는 길이다. 흘깃거리며 향하는 고속버스 터미널. 횡단보도를 건너는데 신발 밑창이 나보다 먼저 터미널 안으로 쑥 들어가 버렸다.

출발 1분 전이다. 뒤도 돌아보지 않고 버스에 올랐다. 좌석표를 확인하고 자리에 앉았다. 붉어진 얼굴이 채 가라앉기도 전에 옆 좌석의 젊은이가 뭔가를 불쑥 내민다. 혹시 신발 밑창? 손수건이다. 목례하고 소리 죽여 안도의 한숨을 쉬었다.

드디어 도착한 청주. 쫓기듯 버스에서 내렸다. 집에까지는 얼마 남지 않았다. 미처 숨을 고르기도 전에 반대편 신발 밑창의 반란이 시작됐다. 다리가 불편한 사람처럼 발을 질질 끌면서 걸었다. 지나가는 사람들의 시선이 내게로 쏠렸다. 간신히 횡단보도를 건너 버스 승강장에 도착할 무렵 싸움은 끝이 났다.

고속버스 터미널로, 길가의 조그만 카페로 들어간 신발 밑창들은 온전한 자유를 찾았을까? 절뚝거리고, 질질 끌며 안간힘을 쓰던 발걸음이 편안해졌다. 밑창 빠진 구두를 신고, 마치 아무 일도 없었던 것처럼 사뿐사뿐 걸어 집으로 돌아왔다. 남의 시선 따위 신경 쓰지 않아도 되는 가벼운 발걸음이었다.

몸도 마음도 예민한 사춘기 때 일이다. 무심코 내뱉는 주변 사람들의 말에도 날을 곤두세우곤 했다.

"넌 뚱뚱하고 못생겨서 시집도 못 가."

한 여인의 말이 가시가 되어 가슴 속 깊숙이 박혀 버렸다. 수십 년 세월이 흘렀건만 인장처럼 박혀 버린 그 말이 불쑥불쑥 머리를 쳐든다. 흘려버리면 그만인 것을 버리지 못함은 내 부덕의 소치이리라. 아직도 갈 길이 멀다.

버리면 가벼운 것을, 버리면 편안한 것을 버리지 못하고 내려놓지 못하는 나에게 묵은 신발은 내려놓으라고 했다. 밑창의 독립을 막지 않았던 신발도 자유를 찾아 떠나보냈다.

신발의 반란을 잠재우고 몸도 마음도 자유를 찾고 싶은 어느 봄날이었다.

대파 한 줌의 행복

묶어 두지 않은 시간은 빨리도 달린다. 새해가 시작되는가 싶더니 유월도 막바지를 향하고 있다. 창밖의 능소화는 바람에 몸을 맡긴다. 태양의 열기는 삼복더위를 향하고 있다.

더 더워지기 전에 몸보신이라도 하려고 닭개장을 끓인다. 모처럼 만난 옆집 형님이 텃밭에서 길렀다며 한 아름 안고 오신 대파 때문인지도 모르겠다. 이틀 새 대파가 웃자라 억세졌다며 미안해하시던 형님 얼굴이 대파 위에 겹친다.

정성스레 파를 다듬고, 물을 끓여 닭을 삶는다. 지난봄에 채취해 둔 고사리는 물에 불려 데치고, 토란대도 삶아 낸다. 삶은 닭의 살을 발라내서 나물들과 같이 갖은양념을 하고, 살을 발라 낸 닭 뼈는 푹 고아서 육수를 낸다. 양념한 닭고기를 육수에 넣고 다시 푹 끓여낸다. 구수하고 담백한 닭개장이 제법 꼴을 갖춘다. 때마침 퇴근한 남편과 아들이 맛있게 먹는 모습을 보니 먹지 않아도 배가 부르다.

사회 초년생 시절이다. 모내기 소식을 듣고 휴가를 얻어 집으로 왔다. 아직 이른 시간인데도 집에는 아무도 없었다. 서둘러 옷을 갈아입고 논으로 갔다. 일손을 도와주러 오신 동네 아주머니들에게 인사를 드리고 논으로 막 들어서려는데 어머니가 집에 가서 밥이나 해 오라고 하신다.

집으로 돌아와 부엌문을 여니, 대파 한 묶음과 방금 목욕을 한 듯한 커다란 닭 한 마리가 하얀 속살을 드러내고 요염한 자세로 누워 있었다. 어쩌라는 거야, 이 커다란 닭과 대파로 무엇을 하라는 건지 어머니는 내게 너무 큰 숙제를 내주셨다. 차라리 모를 심겠다고 버틸걸, 앞이 캄캄했다.

시간은 하릴없이 가고, 머릿속은 하얗게 비어 있다. 몰라도 20인분의 식사는 준비해야 한다. 닭 한 마리로 무엇을 해야 이른 아침부터 힘든 일을 하는 분들의 허기진 배를 채울 수 있을까. 일단 닭을 잘라 보기로 했다.

그러나 도대체 칼로 자를 수가 없었다. 밥은 다 됐는데. 에라

모르겠다. 무작정 가마솥에다 닭을 통째로 넣고 삶았다. 푹 삶은 닭은 칼을 대지 않아도 잘 찢어졌다. 잘게 찢은 닭살을 다시 가마솥에 넣고, 다듬어 둔 대파를 숭숭 썰어 넣고, 아는 양념은 총동원해서 또 끓였다. 양념이라고 해봐야 마늘, 고추장, 고춧가루가 전부였지만 암튼 국이라는 걸 끓여놓고 보니 모양새는 그럴싸했다.

어머니가 만들어 두신 밑반찬에 텃밭에서 뜯어 온 푸성귀로 겉절이를 하고, 풋고추도 한 주먹 따다 바구니에 담았다. 준비된 음식들을 손수레에 싣고 들로 나갔다. 시장이 반찬인지 정말 맛이 있는지는 모르지만, 개울물에 대충 손을 씻고 나온 어르신들이 이구동성으로 닭개장이 맛있다고 하셨다. 순간 "휴~" 하는 나의 한숨 소리와 동네 어르신들의 웃음소리가 한데 뒤 섞였다.

두 부자가 오순도순 식사하는 모습을 보면서, 닭 한 마리와 대파 한 줌이 만든 소박한 행복 속으로 걸어 들어간다.

오! 좀 멋있는데

무던히도 애쓰며 살아왔다. 내가 생각해도 참 대견하다. 잘 견뎌냈다고 어깨라도 토닥거려 주고 싶다. 레테의 강을 건널 뻔한 적도 있었지만 건너지 못한 건 아마도 아케론강의 늙은 뱃사공에게 줄 동전 한 닢이 없어서인지도 모를 일이다.

반백 년 살아온 내게 위안이 되면서 두고두고 볼 수 있는 뭔가가 없을까 고민하다 길을 나섰다. 작년 겨울 도배를 잘못하여 병원 분위기 물씬 풍기는 거실의 회색 벽이 늘 찜찜하던 참이다. 그것을 빌미로 그림 한 점을 매입했다. 지인으로부터 사들인 사군자의 하나인 매화도다. 내 작은 방에 가져다 놓고 가만히 들여다보니 그림 속 매화가 말을 걸어온다. '잘했어. 핑곗김에 잘했어.' 하는가 싶더니 굵직한 팔을 내 어깨 위에 척 올려놓고는 '오! 좀 멋있는데.' 한다. 으쓱해진 어깨와 목에 힘까지 주고 헛기침을 해본다.

　십 년 전 오늘이다.

　그날도 여느 때와 다름없이 출근을 서두르는 남편에게 큰 소리로 "7층 언니네 아저씨는 언니 생일이라고 퇴근길의 자전거에 들꽃을 한 아름 달고 오셨다네." 들었는지 못 들었는지 아니면 일부러 못 들은 척하는 건지 남편은 "가는 겨." 하며 길을 나선다. 눈치가 빠른 사람이니 그래도 오늘은 다르겠지 생각하며 종일을 기다렸다.

　이십 년을 한결같이 결혼이라는 울타리 안에서 현모양처 노릇을 해 왔다. 꼭두새벽에 일어나 아침밥을 챙겼다. 현장까지 인부들도 실어 날랐다. 잠깐 눈을 붙이고 일어나 아이들 등교시키고 출근했다. 한 푼이라도 벌어 보겠다며 힘든 줄을 모르고 살았다. 이렇게 살았으면 들꽃 한 송이 정도는 받아도 되지 않겠냐는 얄팍한 자존심이 나를 기다림이라는 시간 속으로 내몰았다.

　태양이 서산으로 자맥질을 시작하자 기다림의 시간이 끝나는 줄 알았다. 그런데 남편은 그날 밤이 다 가도록 소식조차 없었다. 양은 냄비에서 콩 볶듯 내 마음을 내가 볶다 잠이 들었는지 잤는지도 모르겠다. 이튿날 아침 일찍 들어온 남편은 빈손이었다.

이튿날은 남편의 생일이었다. 미역국을 끓이고, 찰밥을 지어 생일상을 가져다 바쳤다. 당연한 듯 받아먹는 그 얼굴을 쳐다보니 양은 냄비의 콩은 탁탁 소리를 내며 볶아졌다.

타들어 가는 가슴을 안고 길을 나섰다. '그래, 뭘 바라. 지금껏 그렇게 살아왔는데. 까짓것 내가 나한테 선물 하나 하면 되지 뭐.' 구시렁거리며 결혼 후 처음으로 백화점엘 들렀다. 큰마음 먹고 갔는데 마음에 드는 물건들은 왜 다들 그렇게 비싼지 주머니에 손을 넣었다 뺐다를 수없이 반복했다.

팍팍한 살림살이에 다섯 식구 목구멍에 풀칠하기도 바쁠 때였다. 군에 간 큰아들은 차치하고라도 이제 막 대학에 들어가는 딸아이, 곧 고3이 되는 막내. 백화점 1층에서 꼭대기 층까지 오르내리기를 수없이 반복했다. 결심하고 저지른 것이 검정 장지갑이었다. 밤새 볶아대던 양은 냄비의 콩은 고소한 냄새를 풍기고 있었다.

그로부터 십 년이라는 시간이 지난 오늘 또다시 그날이다. 실낱같은 희망을 품어 보았지만, 내 편인 듯 내 편 아닌 남편은 오늘도 꿩 구워 먹은 소식이다. 삼십 년을 한결같이 지켜온 남편의 굳센 결심이 존경스럽다.

이제는 콩을 볶을 양은 냄비도 볶일 콩도 없다. 그냥 나선다. 당당하게 크게 한턱낸다. 매화도를 신고 오는 내게 칭찬까지 한 마디 덧붙인다.

"오! 좀 멋있는데."

* 레테의 강 : 그리스 신화 속 망각의 여신. 이 여신에게서 이름을 따온 저승의 강. 다섯 개의 저승의 강 중 하나로 망각의 강이라고 불린다.
* 아케론강 : 그리스 로마 신화에 나오는 5개의 강 중 첫 번째 강. 아케론강에 있는 저승의 뱃사공 카론은 망자의 영혼들을 저승으로 데려다주는데, 카론의 배를 타려면 반드시 뱃삯을 지급해야 한다.

노봉방주는 사랑을 싣고

한 해가 저물어 가고 있다. 여기저기 송년회 소식이 들린다. 한 해를 마무리하려는 사람들의 발걸음에 가속도가 붙는다. 이에 질세라 나 역시 한 해를 돌아보며 송년 모임에 발을 담근다.

고향을 떠나온 지 여러 해가 지났다. 타향도 정이 들면 고향이라는데 너무 다른 환경에 적응이 더디었다. 사방을 둘러보아도 산, 산, 산뿐이었다. 답답한 가슴을 잡아 뜯으며 한바탕 울기라도 하면 가슴이 뻥 뚫릴 것만 같았다. 어디 고향만 한 푸근함이야 있겠냐 만은 이곳에 둥지를 틀었으니 그래도 살아 봐야 할 일이라며 어루만지고 달래도 보았다.

정붙이고 살아 볼 양으로 시작한 색소폰, 그 색소폰 동호회에서 고향 분을 만난 건 우연치고는 너무나 큰 행운이었다. 사람

사귀기 힘들어하는 나에게는 더더욱 그랬다. 타향에서는 고향 까마귀만 봐도 반갑다더니 그렇게 고마울 수가 없었다.

이웃 동네에 인접해 살았다는 이유 하나만으로 향우회 모임에도 초대해 주었다. 그렇게 만난 고향 사람들. 대화 중에 툭툭 터져 나오는 경상도 사투리들에 공감하며 하나가 되어갔다. 어린 시절 동구 밖에서 뛰어놀던 이야기를 시작으로 참외 서리, 수박 서리, 소먹이던 일, 천둥벌거숭이로 멱감던 시절까지 거슬러 올라가 꼬리에 꼬리를 물고 이야기는 이어졌다.

만나기만 하면 추억여행을 떠나고, 가슴 속 깊이 숨겨 두었던 고민을 털어놓기도 하며 고향의 밤은 무르익어 갔다. 곁에 있으면 편안하고, 헤어지면 보고 싶고, 만날 날이 손꼽아 기다려지는 사람들. 그들이 고향 사람들인가 보았다.

오늘이 그날이다.

겨울 같지 않은 포근한 날씨에 비마저 내린다. 막걸리 한 사발에 파전을 놓고 수다 떨기에는 그지없이 좋은 날이다.

며칠 전 걸러 둔 노봉방주露蜂房酒가 생각났다. 작년 가을 벌초를 하다 발견한 *우봉가于蜂家에 소주를 부어 만든 것이다. 참나무 가지 끝에 나보란 듯 매달린 것을 여주에 사는 사촌 시동생이 한달음에 달려와 채취해서 술까지 담가주고 간 것이다. 형수님 건강을 위해서 하는 거라며, 1년 후 걸러서 먹으면 된다는 설명까지 덧붙인다. 추어탕에 국수를 말아 맛나게 먹고 떠나는 시동생 부부의 뒷모습이 뚜렷이 각인되었다. 그렇게 탄생한 노봉방주다.

작은 병 열다섯 개, 토끼 모양 비닐봉지 열다섯 개, 쇼핑백 열다섯 개로 포장된 노봉방주를 박스에 담는다. 검증되지 않은 담금주이며 식품위생법에 어긋난다고도 하는데 좋아할까? 좋아하겠지, 애주가들이니까. 마음이 담긴 선물이니까 좋아하겠지. 혼자서 소설을 쓰다가 시를 쓰다가 별짓 거리를 다한다.

효능과 부작용에 대해 네이버 검색창을 연다.
* 우봉가의 효능 – 신경통, 관절염, 부정맥, 고혈압 등에 효능이 있다고 알려짐. 소주에 담가 술을 만들거나(노봉방주), 꿀에 절여 섭취하는 민간요법이 있음.
* 노봉방주 효능 – 항암, 항염, 기관지염, 폐결핵, 위염, 장염, 관절염, 기침에 효과가 있으며, 면역력 강화에 도움을 줌, 모세혈관을 확장해 주는 효과가 있어 남성들의 기력 강화에 도

움이 된다고 함.

복용법까지 습득하고, 심장질환이나 신장이 약한 분은 절대 금물이라는 부작용까지 읽고 나서 모임 장소로 향한다.

노봉방주라고 말하고 효능과 부작용은 각자 찾아보고 드시라며, 남성에게 좋다고 하니 다들 '와'하고 좋아한다. 고마운 일이다. 작은 선물에도 감사할 줄 아는 사람들, 덕담을 나누고, 고민도 나누며 오가는 술잔에는 사랑이 넘실거린다. 날마다 오늘만 같았으면 좋겠다. 헤어지기 아쉬워 되돌아와 다시 한번 다음을 기약하고 둥지를 찾아간다.

집으로 돌아와 자리에 누우니 벌써 또 그리워진다. 다음 만남에는 어떤 이야기들이 오고 갈까, 내년 송년 모임에는 어떤 선물을 준비할까, 참, 노봉방주! 괜찮을까, 그날을 기다리며 고향의 밤은 깊어만 간다.

* 우봉가 : 말벌 집. 노봉방의 다른 이름으로 봉가, 자금사 등의 이름으로도 불림. 이 벌집은 무균상태로 예로부터 산삼보다 더 좋은 귀한 영양식품으로 알려져 있음.

* 노봉방주 : 말벌 집과 말벌을 재료로 담근 술. 한의학에서는 노봉방
  이라 불리며 민간요법으로 사용됨. 주로 말벌 집과 유충, 말벌을 30
  도에서 70도 이상의 담금주에 숙성시켜 제조함. 소염, 항암, 고혈압
  치료, 정력 증진 등의 효능이 있다고 전해짐.

해변의 아침

마음은 소녀건만 몸은 환갑이다. 설렘으로 뒤척이다 찌뿌둥한 몸을 일으켜 집을 나선다. 세상에 첫발을 떼어 놓던 날로부터 60년. 살아온 날들이 대견하다며 동갑네들끼리 떠나는 선물 같은 여행이다.

때로는 울분을 참지 못해 불같이 화도 냈다. 때로는 끙끙거리다 앓아눕기도 했다. 숙제 같던 지난날들은 다 잊어버리고 지금부터 축제를 즐기자며 떠나는 길이다.

여행의 맛은 낭만이라며 국도로 길을 잡았다. 마냥 청춘인 줄 알았는데 착각이었나 보다. 길을 잘못 들어 제자리를 네댓 번 맴돌기만 한다. 이런 우리를 비웃기라도 하듯 비까지 내린다. 국도에서의 소소한 즐거움을 맛보려던 낭만을 포기하고 고속도

로로 방향을 돌린다. 목적지인 망상해수욕장에 도착하니 저녁 어스름이다. 낭만은 애당초 초를 쳐서 삼킨 지 오래다. 이른 저녁을 먹고 비 내리는 해변을 어슬렁거리다 숙소로 들어와 눕는다. 잠은 오지 않고, 천둥소리만 요란하다. 천둥소리를 자장가 삼아 잠을 청해 보지만 헛일이다.

저녁거리를 장만하러 갔던 어시장에서의 일이 천정을 오가고 있다. 횟감을 흥정하고 있으려니 최근에 신내림을 받았다는 젊은 여자가 다가왔다. 원하지도 않는 운세를 봐주겠다며 사주를 달라고 했다. 싫다고 하자 주변을 맴돌며 시키지도 않은 말들을 뱉어냈다. '언니는 아들이 먼저 가겠네. 언니가 제일 먼저 가겠네. 언니가 제일 오래 살 건데 속 썩이는 아들이 있네. 그래도 언니한테는 잘해. 언니는 지금 사는 남자와 헤어져. 그 남자 때문에 힘들 거야.' 그녀는 묻지도, 원하지도 않는 말들을 쏟아냈다. 믿어야 할지 말아야 할지. 그냥 웃어넘기기에는 껄끄럽고 믿고 새기자니 찜찜했다.

낌새가 이상했다. 아니나 다를까 아들이 먼저 갈 거라는 이야기를 들은 친구가 벌떡 일어나더니 성큼성큼 나가 버리는 것이었다. 그러지 않아도 집안의 남자들이 술을 좋아해서 단명했고,

아들도 술을 좋아해서 걱정하던 차에 그런 소리를 들으니, 속이 많이 상했다는 것이었다. 그녀의 말이 다 옳다고 할 수는 없다. 미신일 뿐이다. 그저 지나가는 바람 소리라 생각하고 잊어버려라. 아들더러 술을 덜 먹게 하면 되지 않겠냐며 달래 보지만 떫은 감을 먹은 것 같은 입속을 나도 어쩌지 못했다.

밤은 깊어져 가는데 뒤척거리고만 있다, 다들 마음이 개운하지를 않았나 보다. 약속이나 한 것처럼 하나, 둘 잠자리에서 일어나 애꿎은 소주병만 노려보고 앉아 있다.

아침이 찌뿌듯하다. 밤새 으르렁거리던 바다로 향한다. 청명한 파도 소리, 일렁이는 아침노을에 발걸음을 멈추고 선다. 망상의 바다는 잠시의 태만으로 놓쳐 버린 태양을 끌어다가 아침을 열고 있다. 희뿌연 안개 속에 시시각각 다른 얼굴로 아침을 여는 태양은 멀리 소멸하여 가는 배들의 불빛을 비웃는다. 끊임없이 밀려왔다 밀려가는 파도는 비릿한 물 내음을 실어 나르고, 파도를 타고 나르는 갈매기는 검푸른 바다를 깨운다. 망상의 바다는 그만하면 잘 살아왔다고 여기까지 오느라 고생 많았다고 인사를 건넨다.

아침이 오고 있다.

세상살이 온갖 잡다한 것들을 내려놓을 수만 있다면, 고뇌도 번뇌도 저 파도에 실어 보낼 수 있다면 이대로 눈이 멀어도 좋을 것만 같다. 떠오르는 태양을 향해 두 팔을 높이 들고 소리쳐 본다. 시간이여 멈추어다오. 여기 이대로. 한순간만이라도 멈추어다오.

시시각각 다른 얼굴로 다가오는 순간들이 숨 막히게 아름다워 영상에 담아 본다. 미처 담을 수 없는 안타까움에 가슴 조이며, 꿈길을 헤매고 있을 친구들에게 보내 보지만 부질없다. 터질 듯한 가슴을 안고 맨발로 태양을 향해 모래밭을 걷는다. 발끝을 타고 올라오는 서늘한 모래의 감촉이 혈관을 타고 정수리에 이른다. 홀로 선 해변이 외롭지 않은 건 오로지 바다의 몫이다.

망상의 바다는 태양을 깨우고, 나를 깨우고, 잠든 대지를 깨운다. 어제의 나태함을 내려놓고 태양을 끌어 올려 아침을 여는 바다 위로 나의 나태함을 실어 보낸다.

친구들이 하나, 둘 밖으로 나온다. 부스스 눈 비비고 나온 친구들이 용트림하듯 크게 기지개를 켠다. 파도가 내 발을 훑고 지나간다. 나란히 걷는 어깨 위로 축복 같은 햇살이 내린다. 축제의 시작이다.

취醉하다

　오늘도 어김없이 산을 찾는다. 부부가 같은 취미를 가지고 있다는 것은 또 하나의 축복이다. 산을 좋아하는 우리 부부는 틈나는 대로 산을 찾는다. 딱히 어느 산을 어떻게 가야겠다는 목표나 계획도 없이 쉬는 날이 같을 때면 나서는 일상이다.

　평야 지대가 많던 고향과 달리 청주는 주변에 산이 많았다. 처음 청주로 이사 온 몇 해 동안은 사방이 산에 둘러싸인 이곳 청주에서의 생활이 숨이 막힐 듯 답답했었다. 그러던 내가 지금은 틈만 나면 산을 찾는다. 그날도 그랬다.

　아침 식사가 끝나기가 무섭게,

　"오늘 계획 있어?"

　"아니, 있다가 점심 먹고 음악실이나 가야지 뭐."

"그럼, 산에 가자."

그렇게 나선 길이었다. 보온병에 커피를 담고, 찐 달걀과 좋아하는 과일 몇 가지로 도시락을 만들어 무작정 나섰다. 나의 애마는 상대리를 지나고 피반령을 넘었다. 회인을 막 벗어나려는 갈림길에서였다. 습관처럼 오른쪽으로 난 길을 따라갔다. 그렇게 달리다 보니, '호점산성'이라는 이정표가 눈에 들어왔다. 그래 가보자, 오늘은 여기다. 그렇게 시작된 호점산성과의 만남이었다. 산성 입구의 안내문을 읽어 보았다. 최영 장군 시대에 돌로 쌓은 산성이며, 전투 이력은 없다고 적혀 있었다. 오백 년이 넘는 역사를 가진 성을 대하기에 앞서 옷매무새를 다잡았다.

초입부터 우거진 풀숲은 야생의 향기를 내뿜고 있었다. 사람의 손길이 닿지 않은 곳, 천연天然의 멋이 살아 숨 쉬는 곳, 이곳에 산 열매들이 붉게 익어가고 있었다. 하늘거리는 풀꽃들, 흐르는 물소리, 새소리에 호흡은 가빠지고 심장은 뜀박질을 멈추지 않았다.

우거진 풀숲을 헤치고 나아갔다. 풀숲이 끝나자 가파른 돌길이 이어졌다. 길들여지지 않은 산길을 네발로 기어 올라갔다. 한참을 올라가도 도무지 성城 같은 것은 보이지 않았다. 호흡이

턱걸이를 시작하자 평지가 나타났다. 노랗게 익은 잔디 위에 자리를 깔고 앉아, 가지고 온 커피를 마시며 호흡을 가다듬었다. 상큼한 가을바람 한 움큼이 이마에 흐르는 땀을 씻어 갔다.

평지 끝머리, 숲으로 향해 나 있는 오솔길을 따라 다시 발걸음을 옮겼다. 그런데 성城이라더니 도대체 성의 흔적이 보이지를 않았다. 오랜 세월을 견디기 힘들어 사그라들었나 하는 염려가 스멀스멀 기어 나올 무렵 저만치 희끄무레한 벽 같은 것이 보였다. 피곤함도 잊고 한달음에 달려 가보니, 납작한 돌들로 차곡차곡 쌓아 올린 성벽이 있었다. 크고 작은 돌들이 켜켜이 쌓여 견고한 벽을 만들고 있었다.

길게 이어져 내려가는 성벽을 따라 걸었다. 이 깊은 산속에, 이 많은 돌을 어떻게 옮겨 석축을 쌓았을까, 돌 하나에 내 나라를, 돌 하나에 내 마을을, 돌 하나에 내 가족을 생각하며 쌓아 올렸을 선조들의 숨결이 고스란히 전해져 왔다. 그날을 기억하며 오백 년이 넘는 인고의 세월을 묵묵히 견디어 왔을 성벽 앞에 절로 고개가 숙어졌다. 그 긴 세월을 말없이 지켜온 천연天然의 석축, 난 호점산성의 매력에 흠뻑 취해 버렸다. 아니, 헤어날 수가 없었다.

넋을 잃고 성벽을 쳐다보고, 어루만지는 사이 벌써 땅거미가 지기 시작했다. 산은 내게 그만 내려가라며 등을 떠밀었다. 떨어지지 않는 발걸음을 돌려 내려오는 내내 달뜬 가슴은 진정이 되질 않았다. 수없이 돌아보며 되뇌었다. 내가 너에게 취해 버렸어. 헤어나기가 힘들어. 또 올 거야. 난 너를 오래오래 기억할 거야.

산길을 내려와 기다리는 애마 옆에 다다르니 어둠이 한꺼번에 몰려온다. 어둠을 타고 시장기도 몰려온다.

하나 빼고

새벽을 깨워 달린다. 포항은 잠에서 깨어나 하루를 열고 있다. 개찰구를 나서니 둘째 언니가 손을 흔들고 섰다. 다섯에서 하나를 빼고 나서는 울릉도 여행이다.

서둘러 택시를 잡아타고 선착장으로 향했다. 예약해 둔 선승권을 교환해야 배를 탈 수가 있었다. 넷 중에 내가 제일 젊다는 이유로 선승권 교환을 위해 언니들의 신분증을 챙기는데 큰언니의 신분증이 없다. 조카로부터 언니의 신분증 사진을 전송받아 선승권 교부를 시도했으나 사진으로는 신분 확인을 할 수가 없어 선승권 교부가 불가능하다고 한다.

여객선 대합실 입구에 설치된 증명서 발급기로 가서 등본을 발급받아 오라고 했다. 발급기가 있다면 우리 말고도 신분증을 가지고 오지 못하는 사람들이 있는가 보았다. 발급기로 가서 등본 발급을 시도해 보았다. 하지만 언니의 지문이 인식되지 않았다. 짠한 마음을 달래며 몇 번을 시도해 보았지만 헛일이었다. 끝내 등본을 발급받지 못했다. 사정을 설명하고 직원의 도움을 청하는 데 너무 많은 시간을 소비해 버렸다.

승선하라는 선내 방송이 계속해서 울렸다. 허둥거리고 있는 모습이 딱해 보였든지 직원이 어디론가 전화하더니 승선권을 교부해 주었다. 감사 인사를 드리고 개찰구로 갔다. 개찰구에서도 신분 증명이 필요했다. 항해법 위반이라며 난색을 보이는 직원분에게 또 한 번 양해를 구했다. 지팡이에 의지한 어정쩡한 걸음걸이, 어눌한 발음으로 자초지종을 설명하는 언니의 모습이 딱해 보였나 보았다. 돌아올 때는 꼭 행정복지센터에 들러 등본을 발급받아 오라며 승선을 허락했다. 고맙다며 꼭 그렇게 하겠다는 약속하고 배에 올랐다.

지정된 자리에 앉기 위해 걸어가는 언니의 발걸음에 세월의 무게가 실렸다. 자리를 잡고 앉자 출발 신호가 떨어졌다. 뱃고동 소리에 한숨 소리를 묻었다. 그렇게 열심히 살아온 내 언니에게 파킨슨이라니. 손에 지문이 없어지도록 살아온 내 언니에게 이

건 너무 가혹한 형벌이었다. 선창 밖으로 눈을 돌렸다. 보이는 것은 하늘과 바다. 세상은 온통 푸른 빛 일색이었다. 차츰 잡념이 사라지고 머리가 맑아져 갔다. 이래서 사람들은 바다를 찾는가 보다. 단조로움에 동요되어 평정심을 되찾았다.

　노랫가락을 흥얼거리는 동안, 배는 울릉도에 도착했다. 1시간 거리의 숙소에 도착해 짐을 풀고, 간단한 요기를 하고 울릉도 투어를 시작했다. 친절한 택시 기사의 안내로 어둑어둑해질 때까지 울릉도의 명승지를 관람했다.

　화산활동으로 생겨난 섬. 바다가 낳고, 바람이 키워낸 울릉도. 국가 지질 공원 울릉도는 지반이 약해 수시로 산사태가 일어나며, 적설량은 최고 3m를 넘기기도 한다. 평지라고는 나리분지밖에 없다는 울릉도의 곳곳을 곡예 운전하듯 다니며 명소의 해설을 해주는 기사님의 친절함에 몸도 마음도 즐거워졌다.

　3무無 5다多의 울릉도, 이곳에도 인구는 줄고 공해는 늘어 이제 2무로 불려야 할 것 같다는 기사님의 말에 입안이 깔깔해졌다. 숙소로 돌아와 울릉도 특산품 호박 막걸리로 깔깔한 입안을 달래고, 24쪽 동양화감상으로 네 자매의 밤은 깊어져 갔다.

　이튿날 파랑 주의보로 포기했던 독도행 배에 몸을 실었다. 큰

언니는 신분증도 없을뿐더러 체력도 예전 같지 않아 독도 여행은 포기했다. 다섯에서 하나를 뺀 울릉도 여행에서 다시 하나를 빼고 셋이 떠나는 독도 여행이 됐다. 풍랑이 심해 등도登島를 포기하고 돌아서 나오는 독도 여행. 등도를 하지 못한 서운함과 다섯에서 둘이 빠진 아쉬움이 밀물처럼 밀려왔다. 꿈에도 그리던 섬. 의무경찰로 독도를 지켰던 큰오빠와 사촌 오빠의 흔적이 있는 곳을 볼 수 있었음에 감사하며 아쉬운 마음을 달래 보기로 했다.

1박 2일을 뛰다시피 돌아본 울릉도, 독도 여행. 다섯에서 하나가 빠지고, 독도행에서 다시 하나가 빠진 아쉬움을 접고, 사진을 정리해 언니들께 전송한다. 파킨슨으로 불편한 큰언니로부터 동생들 덕분에 좋은 여행할 수 있어서 고마웠다며 감사 메시지가 전해 온다. 같이 하지 못해 미안하다는 동생의 문자에서 서운함보다 아쉬움이 더해진다. 다음 여행길엔 다 같이 할 수 있기를 소망해 보며 지친 몸을 침상에 누인다.

* 울릉도의 3무(無): 뱀, 도둑, 공해
  5대(多) : 물, 미인, 돌, 바람, 향나무

장맛비 내리던 날

비가 몰고 온 바다가 바위에 부딪혀 쓰러진다. 깨어진 바다는
아우성치며 달아났다가 다시 밀려온다. 안개는 바다를 밀어 올
려 두꺼운 벽을 만들고, 등대를 삼켜 버렸다. 지루한 장마에 격
포의 바다는 온통 비에 젖어 웅웅거린다.

거리는 연신 빗물을 토해내고 있다. 토해낸 빗물은 더위에 지
친 거리를 휩쓸고 다닌다. 맨발을 치고 달아나는 빗물에 정신을
빼앗겨 옷이 젖는 줄도 모르고 걷는다. 발이 시리도록 걷다가
들어 온 쉼터. 문을 열고 들어서니 천정에서 뚝뚝 떨어지는 빗
방울로 바닥이 흥건하다. 걸레를 찾아 바닥에 들어앉은 빗물은
밀어내고, 새로운 빗물은 온갖 그릇들을 동원하여 받아낸다.

추억과 현실의 만남이다.

대여섯 살쯤이었던 것 같다. 종일 내리는 비에 갇혀 마루에 걸터앉아 하늘만 올려다보고 있었다. 얼핏 작은 방 아궁이 앞에 양철 양동이가 보였다. 양동이에 부딪히는 빗소리에 이끌려 곁으로 갔다. 떨어지는 빗물을 손등으로 받고 있는가 싶었는데 어느새 내가 양동이 안에 들어가 있었다. 낙숫물 소리와 양철 양동이에 부딪히는 빗소리에 장단을 맞추듯 까불었다. 재미있는 놀이에 친구가 있으면 그 재미는 배가 되는 법이다. 언니를 불렀다. 그런데 언니는 무슨 생각을 했는지 나를 밀어 버렸다. 양동이와 나는 비 내리는 마당에 나뒹굴었다. 황토색 마당에 붉은 물이 들기 시작했다. 나의 옷에도 황토색과 붉은색 물이 들었고, 사랑방에서 낮잠을 즐기시던 아버지는 맨발로 뛰어나오셨다. 병원에 간 기억도 없고, 꿰매거나 수술을 한 기억은 더더구나 없다. 지혈하고, 빨간 약을 바르고, 하얀 가루약을 또 뿌렸던 것 같다. 한동안 붕대 같은 천을 비스듬하게 묶고 다닌 것 같기도 하다. 그 덕에 아버지가 끼니때마다 한 숟가락씩 남겨주시던 쌀밥은 순서를 정할 필요도 없이 오로지 내 몫이 됐다. 아팠던 기억은 없는데 눈가에 상처가 흉터로 남아 있다.

나이가 들긴 들었나 보다. 눈꺼풀은 내려앉고, 눈가에 주름도 날마다 늘어나고 있다. 못생긴 얼굴에서 유일하게 쌍꺼풀진 눈이 예쁘다는 소리를 들었건만 사진 속의 나는 눈을 감았는지 떴는지 구별하기 힘들다. 그날의 기억도 생생하다. 확실한 증거도 아직 있다. 이참에 언니에게 눈가의 상처를 핑계로 수술비를 청구해서 쌍꺼풀 수술이나 해볼까? 천정에서 떨어져 그릇에 부딪히는 빗소리가 공연한 트집거리를 만든다.

빗소리를 반주로 노랫가락을 흥얼거리며 커피잔을 들고 테라스로 오른다. 테라스 저 멀리 안개에 갇힌 산이 가쁜 숨을 몰아쉬고 있다. 하늘은 안개를 걷어갈 생각이 없어 보인다. 헉헉거리던 산은 잠시 호흡을 멈춰 버린 듯하다. 잠든 산을 타고 내려온 안개는 스멀스멀 벽을 타고 기어오른다. 안개는 커피잔 속에도 비집고 들어와 앉는다. 커피 안개 믹서? 커피는 누구와도 잘 어울리는 듯하다. 투정 없는 커피가 목구멍을 타고 들어 온다. 나와 커피와 안개의 만남이다.

아직 청소할 게 남았나 보다. 하늘은 커다란 호스로 또다시 청소를 시작한다. 씻고 또 씻어도 씻겨나가지 않는 그 무엇들을 또 씻고 있다. 내 마음속 묵은 때들도 저 빗물에 씻을 수만 있다면 좋겠다. 그럴 수만 있다면 커다란 솔로 빡빡 문질러 해묵은 것이든 새로운 것이든 온갖 나쁜 것들을 씻어 버리고, 곱고 예쁜 것들로 채우고 싶다. 비 사이로 반짝이는 햇빛이 보인다.

못다 씻어 낸 마음을 내소사 전나무숲에 가져다 놓는다. 살랑대는 바람은 비에 씻긴 나뭇잎을 간질이며 산을 넘어가고 있다. 바람이 간 길을 따라 걷는다. 빗물에조차 씻기지 않은 마음속 찌꺼기들이 전나무 숲길을 따라 흩어진다.

햇살은 비에 젖은 숲길을 비추고, 숲길을 걷고 있는 나를 비춘다. 아직도 남아 있는 그 무엇들을 삶의 향기, 여인의 향기라 여기며 걷는 발걸음이 한결 가볍다.

3

아버지의 땅

"인숙仁叔이는 누가 급체라도 하면

엎어 놓고 밟았지. 나도 여러 번 구해 줬어."

아버지 친구분의 말씀이다.

인숙이라는 이름값을 톡톡히 했다는 말씀도 덧붙이셨다.

아버지의 함자가 분명 있음에도 불구하고,

친구분들이 아버지를 인숙이라고 부르신 데는

그만한 이유가 있는 듯했다.

-본문 중에서

내가 좋아하는 것

　나는 풀잎에 맺힌 이슬을 좋아한다. 새벽길을 걸으면 무시로 내 발을 적시고, 옷을 적시는 이슬의 서늘한 기운을 좋아한다. 해 뜰 무렵 거미줄에 매달린 무지개색 이슬방울들을 더욱 좋아하고, 산들바람에 잎새 위로 구르는 작은 물방울들을 좋아한다.

　겨울의 끝자락 보리밭 이랑에서 잡풀을 뽑아내던 손마디 굵은 늙은 농부를 좋아하고, 새참이라며 해묵은 고구마를 쪄내 오던 늙은 농부의 아내를 좋아한다.

　봄이면 논두렁에서 앞다투어 피어나던 작은 들꽃들을 좋아하고, 보리밭 사이를 서성이던 아지랑이를 좋아한다. 종다리의 노래를 좋아하고, 처마 끝에 재재거리던 제비들을 좋아한다.

　여름날 들마루에 누워 무심히 쳐다본 하늘에 떠다니던 뭉게

구름들을 좋아하고, 길게 그려진 비행기의 잔영을 좋아한다. 갑자기 쏟아지는 비에 우산 대신 쓰고 달렸던 토란잎을 좋아하고, 소나기 내린 뒤에 쌍무지개 뜨던 언덕을 좋아하고, 고갯마루 너머 작은 연못에 피어나던 연꽃을 좋아하고, 연못 위를 날아다니던 검은물잠자리를 좋아한다. 연못가에 자라던 갈대를 좋아하고, 물속에서 헤엄치던 작은 물고기들을 좋아한다. 눈이 시리도록 푸른 들풀들을 좋아하고, 푸른 열매를 내던 나무들을 좋아한다.

천둥벌거숭이로 멱을 감던 어린 시절을 좋아하고, 동구 밖 언덕 위에 우뚝 서 있던 떡갈나무를 좋아하고, 떡갈나무에 매여진 그네를 좋아하고, 그네를 타고 놀던 어릴 적 동무들을 좋아한다.

개울 건너 아득히 보이던 철길을 좋아하고, 하얀 연기를 뿜으며 달리던 기차를 좋아하고, 기찻길 건너 맑게 흐르던 강을 좋아하고, 강가에 심어진 키 큰 미루나무를 좋아한다. 미루나무 사이로 난 오솔길을 좋아하고, 오솔길을 같이 걷던 친구들을 좋아한다.

가을이면 뒷산에서 굴러떨어지던 도토리를 좋아하고, 떨떠름

한 풋밤을 까먹던 추억들을 좋아한다. 눈처럼 새하얀 목화송이를 좋아하고, 목화를 널어 말리던 작은 언덕을 좋아한다. 사립문 밖으로 넓게 펼쳐진 들판을 좋아하고, 황금빛 벌판의 고개 숙인 벼들을 좋아한다. 물 마른 개울 바닥, 누런 미꾸라지들의 마지막 몸부림을 좋아하고, 막 추수를 끝낸 논바닥에서 벼 이삭을 줍던 고사리손의 동무들을 좋아한다.

뒤뜰 대나무밭에 내리던 싸락눈을 좋아하고, 첫눈이 시리다고 애써 떨쳐내던 대나무의 작은 몸짓을 좋아한다. 눈 내린 앞마당에 맨발로 뛰어놀던 강아지를 좋아하고, 그런 강아지를 좋아하던 마루 위의 고양이를 좋아한다.

초가집 추녀에 매달린 고드름을 좋아하고, 꽁꽁 얼어붙은 앞개울에서 썰매를 타고 놀던 시절을 사무치게 좋아한다.

낮에 나온 반달을 좋아하고, 서산마루에 걸린 붉은 태양을 좋아한다. 저녁노을을 좋아하고, 노을을 벗 삼아 피어오르던 하얀 저녁연기를 좋아하고, 노을빛에 물든 내 고향을 좋아하고, 저녁 어스름에 멀리 보이던 푸르스름한 산들을 좋아하고, 밤이면 무수히 쏟아져 내리던 별들을 좋아하고, 별을 세며 꿈을 키우던 추억을 좋아한다.

개구리 소리, 풀벌레 소리, 소쩍새 소리, 부엉이 소리가 하모니를 이루던 아름다운 내 고향을 좋아하고, 내 고향을 기억하는 나를 좋아하고, 이런 나를 기억하는 사람들을 좋아한다.

촌로의 봄날

봄은 못다 핀 진달래로 왔다. 무뚝뚝하고, 표현력 부족하신 분. 타고난 농사군. 시골뜨기. 아버지를 생각하면 떠오르는 단어들이다. 그런 아버지에게도 낭만은 있었다. 해마다 봄이면 가물가물 피어오르는 아버지에 대한 기억들 그에 얽힌 추억들이 있다.

복숭아꽃 살구꽃이 지천으로 피어나던 뒷동산, 아지랑이 가물대는 보리밭을 걷던 추억보다 더 진한 아버지에 대한 기억이다. 늘 봄처럼 살라 하신 아버지는 봄처럼 부지런한 삶을 사셨다. 내 기억 속 촌로의 인생은 늘 따스하고 부지런한 봄날이었다.

겨우내 쌓였던 눈이 녹아내리고, 멧비둘기들이 구구거리며 짝을 찾기 시작하면 아버지는 지게를 지고 나무를 하러 가셨다. 나무 지게에는 막 봉오리를 맺은 매화가 실려 오기도 하고, 가끔 물오른 버드나무가 따라오기도 했다. 그러던 어느 날 아버지의 나무지게에 한참 물이 오른 진달래 한 다발이 눈에 띄었다. 어머니는 물 묻은 손을 행주치마로 훔치고 꽃다발을 받아들여 부뚜막 항아리에 꽂으셨다. 우리의 봄은 아버지의 못다 핀 진달래로 왔다.

학교를 졸업하고 시내로 나와 직장을 다니던 때의 일이다. 주말이라 들린 집에서의 풍경이다. 사랑방에는 아버지가 비닐봉지에다 사탕이며, 곶감 등을 담고 있었고, 안채에는 어머니가 이리저리 분주하게 다니고 계셨다. 가만히 아버지 곁으로 다가가 무슨 일이냐고 여쭈었다.

"내일 네 엄마 소풍 간단다."

아버지는 모처럼 떠나는 어머니의 소풍 길에 드실 간식거리를 준비하고 계셨던 것이었다. 세상에 아버지가, 무뚝뚝한 경상도 사나이가, 지금까지 보지 못했던 일을 하신 것이었다. 자식들이 다 떠나고 두 분만 남은 집에서 칠순의 아버지가 어머니를 챙기는 모습에 못다 한 신혼의 흔적을 엿보는 듯했다. 신혼 재미가 어떠냐고 놀리는 나를 칠순의 아버지는 객쩍어하며 웃음으로 넘기셨다.

읍내 성당을 갈 때도, 마을 잔칫집을 갈 때도 아버지는 저만큼 먼저 가고, 어머니는 뒤따르셨다. 가끔 아버지께 두 분이 손이라도 잡고 다니라고 꼭 싸운 사람들 같다고 해도 대꾸도 없이 웃기만 하는 분이셨다. 그저 일정한 거리를 두고 다닐 뿐 단 한 번도 손을 잡거나 붙어서 다니는 법이 없으셨다. 심지어 고추밭에서 고추를 딸 때도 아버지는 이쪽 끝, 어머니는 저쪽 끝에 계셨다. 그렇게 거리를 두고 살면서 어떻게 7남매나 두셨냐는 질문에 어머니는 그 연세에도 낯빛을 붉히며, "아야, 남세스럽게…."했고 아버지는 헛기침만 하셨다.

돌이켜 생각해 보면, 3월에는 어머니 생신이 있었고 아버지는 어머니 생신 선물로 진달래를 꺾어 오신 듯했다. 아버지의 어머니에 대한 사랑은 그렇게 잔잔하고 소박했다. 화려하거나 요란스럽지도 않고, 거창하거나 대단하지도 않았다. 하지만 아버지는 이 세상 누구보다도 어머니를 사랑하는 남편이었고, 어머니는 사랑받는 아내셨다.

꽃을 유난히도 좋아하는 어머니를 위해 장독대 옆에 화단을 만들어, 분꽃, 작약, 모란, 국화 등을 심어 사계절 꽃을 볼 수 있게 하셨다. 양귀비꽃이 예쁘다는 어머니 말에 양귀비를 심었다가 검시관에게 혼쭐이 나셨던 아버지. 우물 위에는 포도 넝쿨을 올려 그늘을 만들어 주셨던 내 아버지. 겨우내 꽃을 볼 수 없음이 안타까워 겨울 눈이 채 녹기도 전에 못다 핀 매화 가지를 구해 오시던 우리 아버지.

지금도 부모님 산소에는 봄이면 키 작은 할미꽃이 수줍은 듯 고개 숙여 피어나고, 훤칠한 원추리가 저만치 거리를 두고 피고 진다. 생전의 부모님을 뵙는 것 같아 입가에 배시시 웃음이 피어난다. 부모님 빈 자리에 아지랑이 같은 낭만이 꿈틀거린다.

원추리꽃이 필 무렵에 돌아가신 어머니를 위해 돌아오는 기일에는 그동안 갈고 닦은 색소폰 실력을 보여 드려야겠다. '님이 오시는지'를 들려 드리면 어머니 얼굴이 다시 붉어질까? 우리 아버지 하늘나라에서도 그저 빙긋이 웃으시며,

"저놈, 꼭 나를 보는 것 같네."

하시겠지.

아버지의 땅

다급한 목소리에 콩 튀듯 일어났다. 빨리 따라오라는 말씀에 손수레를 끌고 뛰다시피 아저씨를 따라나섰다.

동구 밖 길목에 긴 그림자다. 헐렁한 한복 차림이었다.

아버지, 분명 아버지다. 얼굴은 아버지가 분명한데 몸은 허수아비인 아버지다. 그 좋던 풍채는 간데없고 뱀이 벗어놓은 껍데기처럼 길게 그림자를 만들고 있었다. 껍데기뿐인 아버지를 손수레에 태우고 앞서는데 뒤따르는 그림자가 더 무거웠다. 아버지는 버려두고 그림자만 싣고 오는 것 같았다. 미안해하는 아버지의 목소리는 타이어에서 바람이 빠져나가듯 픽픽 새고 있었다. '미안해하시지 말라'는 내 말은 끝내 목구멍 밖으로 나오지를 못했다.

사랑방에 아버지를 뉘고 툇마루에 걸터앉아 겨울로 가는 하늘만 쳐다보았다. 쿵쾅거리는 심장 소리를 갈바람에 묻고 동태를 살폈다. 고른 숨소리를 확인하고 부엌으로 향했다.

추수 끝난 밭에 무슨 볼일이 있어서 갔을까. 습관처럼 운동처럼 간 걸까, 어린아이 돌보듯 돌보러 간 걸까, 이런저런 생각을 하는 동안 저녁밥이 지어졌다. 밥상을 들고 가니 어느새 일어난 아버지는 못 볼 꼴을 보였다며 눈을 껌뻑였다.

밤새 끙끙 앓다가도 아침이면 거짓말처럼 일어나는 분이다.

오늘도 그랬다. 허수아비 아버지, 그림자 같던 아버지의 몸에 살이 붙고, 숨이 붙어 다시 일어났다.

저녁을 드시고 아버지는 긴 사연을 풀어 놓았다.

이 마을로 이사 와서 당신 손으로 일군 거라며 종이 한 장을 보여 주었다. 말끔한 종이 위에 어린아이가 그린 듯한 들쭉날쭉한 모양의 그림이었다. 추상화를 연상케 하는 그림 아래 아버지 함자와 1,444평이라고 인쇄된 지적도였다. 최근에 다시 측량한 듯 잉크 자국이 너무나도 선명했다.

아버지는 이곳에 자두나무를 심고, 가장자리 밭에는 고추를, 배수가 잘되는 비탈밭에는 도라지, 우엉, 부추 등을 심었다. 밭

중간쯤에는 샘물이 퐁퐁 솟는 작은 웅덩이가 있고 사철 물이 넘쳐흘렀다. 웅덩이에는 비단개구리가 터를 잡고 살고 있다. 미나리가 세 들어 사는 듯 가장자리를 차지하고 있다. 시샘 많은 돌나물은 머리에 총총히 별을 이고 틈새를 비집고 들어와 앉았다.

나는 심심할 때도, 소 풀을 베러 갈 때도 이 밭을 지나다녔다. 밭두렁에는 봄이면 찔레 향기가, 여름이면 넝쿨 딸기가 바쁜 걸음을 멈추게 했다. 이 밭에서 아버지의 일생이 엮어지고, 내 꿈이 영글었다.

평지에 있는 사과밭보다도, 반듯하게 농경지 정리가 잘된 천수답보다도 울퉁불퉁한 자두밭을 더 아낀 까닭은 아마도 당신이 손수 일구었기 때문일 것이다.

밤새 끙끙 앓다가도 아침이면 훌훌 털고 일어나 일상을 엮어가던 아버지는 병원과는 인연을 멀리했다. 그런 아버지가 딱 한 번 입원이라는 것을 한 적이 있었다. 일흔의 나이에 동맥류로 응급실을 찾았던 아버지는 평생 처음으로 입원이라는 것을 했다. 그것도 중환자가 되어 중환자실에. 주치의 선생님은 위급한 상황이니 당장 수술을 하라고 했지만, 생명을 주관하시는 분은 하느님뿐이라며 아버지는 끝내 퇴원을 선택했다.

일상으로 돌아온 아버지는 평소와 다름없이 생활했다. 일과 기도, 동네 어르신들의 이발, 남녀노소를 불문하고 세상을 하직하신 분들의 마지막 가는 일까지 도왔다. 마을 사람들이 꺼리는 일을 도맡아 했다. 일생을 당신이 할 수 있는 일이라면 어려운 일, 궂은일 가리지 않았다. 나는 그런 아버지가 커다란 산처럼 느껴졌다. 그 숨은 뜻을 이어가고 싶었다.

일생을 한결같은 마음으로 사랑의 삶을 살아온 아버지는 일흔의 마지막 고비를 끝내 넘기지 못하고 하늘의 부르심에 순응했다. 일흔아홉. 짧지 않은 세월 밭을 일구고 농사를 지었다. 궂은일, 어려운 일 가리지 않고 살아온 아버지는 그렇게 가뭇없이 하늘로 돌아가셨다.

1,444평은 당신이 가실 날을 미리 알기나 한 듯, 돌아가시기 한 해 전에 동네 젊은이에게 넘겨주었다. 아버지의 1,444평은 아버지의 일생과 나의 꿈을 뒤로하고 묵정밭이 되어 수풀과 하나가 되어가고 있다.

이제는 남의 땅, 아버지의 땅이 아니니 어쩌랴 만은 바라보고 있는 내 시야가 점점 흐려지는 것을 막을 수가 없다.

묵정밭이 된 땅은 아버지의 젊음과 인생, 나의 꿈마저도 송두리째 수풀 속에 가두려 하는 것만 같다. 아니, 어쩌면 자연으로 돌아가신 아버지와 함께하고 있는 건지도 모른다.

흔적만 남은 과수원엔 그날의 기억이 물들어 가듯 탱자가 노랗게 익어가고 있다.

그대 꽃잎에 입맞춤

봄빛이 완연하다. 무심천 벚꽃은 흐드러지게 피는가 싶더니 눈처럼 흩어진다. 긴긴 겨울 기다림으로 설레던 산과 들은 낯빛을 붉히며 이는 바람에 온몸을 내맡긴다. 산길을 따라가니 꽃마리, 노루귀, 진달래, 개나리가 지천이다. 양지바른 무덤가에는 구슬붕이가 작은 손을 흔들고 있다.

꽃향기에 취하고, 봄바람에 들떠서 정신없이 걸었다. 문득 고개를 들어 보니 저만치 언덕배기 돌밭에 그림인 듯 분재인 듯 구별할 수도 없는 복숭아나무 한 그루가 보였다. 꽃도 꽃이지만 나무의 생김새가 범상치 않았다. 마치 잘 그린 문인화 한 점을 보는 듯해 온통 정신을 빼앗기고 말았다.

손전화기를 꺼내 사진을 찍었다. 찍은 사진을 들여다보고 복숭아나무 들여다보기를 수십 번 해보아도 그 모습을 온전히 담아내기는 역부족이었다. 간신히 한 컷을 골라 보지만 그 모습이 실물과는 달라도 너무 달라 동동거리는데 파란 비닐 울타리 너머로 노랑나비 같은 골담초가 수줍은 듯 피어 있다. 그렇게 찾아도 보이지 않더니 오늘에야 만났다. 반가운 마음에 눈시울이 뜨거워졌다.

30년 만의 재회

돌투성이의 밭이건만 무릎을 꿇고 앉아 꽃잎에 입맞춤, 가지에 눈 맞춤을 하고 카메라에 담아 고향에 있는 오빠에게 전송했다.

"골담초구나, 우리 집 마당에도 꽃이 피기 시작했다. 고맙다. 고향 생각 많이 났겠구나."

오빠의 답신이다. 친정집 뒷마당에 있던 골담초가 보이지 않는다고 했더니 오빠네 정원으로 이사를 했었나 보았다.

어린 시절 친정집 뒷마당은 나의 놀이터였다. 앞마당보다 더

넓은 뒷마당에는 커다란 감나무가 두 그루, 옻나무, 참죽나무, 가시오가피나무, 배나무에 인동초 넝쿨이 돌담을 휘감고 있었다. 가시오가피나무와 배나무를 사이에 두고 골담초 나무가 있었다. 해마다 봄이면 꽃향기는 나를 뒷마당으로 불러들였고, 노랑나비 같은 골담초가 버선발로 나를 반겼다. 골담초꽃이 지기 시작하면 인동초꽃이 은은한 향기를 내뿜었다. 인동초꽃의 암술을 살며시 잡아당기면 꽃은 내게 한 방울의 꿀을 나눠주었다.

사람들은 예로부터 나무의 쓰임새나 모양 같은 것을 생각해서 이름을 붙였다고 한다. 골담초胃擔草가 한 예이다. 골담초는 강인함과 부드러움을 동시에 지닌 식물로 꽃말은 강인함, 생명력이다. 골담초는 질소 고정 능력이 있는 콩과 식물로 땅을 비옥하게 만드는 역할도 한다. 척박한 땅에서도 잘 자라는 골담초는 뼈를 튼튼하게 하고, 골절 회복을 돕는 약재로 쓰이는데 뼈와 관계되는 약을 처방한다는 의미의 이름이다. 골담초의 다른 이름은 금작목, 금작화, 금계인 등이 있는데 다재다능한 사람이 별명이 많듯이 골담초의 쓰임새도 다양하다.

노랑나비 같기도 한 골담초는 꽃도 예쁘지만 다양한 이름처럼 신경통, 관절통, 강심, 이뇨 작용을 촉진할 수 있는 약재로도 쓰인다. 골담초를 선비화라고도 한다는 데는 숨은 뜻이 있는 것 같다.

반면에 2003년 사스 치료제로 쓰였다는 인동초는 엄동설한을 이겨내는 강인함과 튼실함을 상징한다. 개화 초기에는 하얀색이었다가 차츰 노란색으로 변하는 탓에 하얀색과 노란색이 같이 있는 것처럼 보여서 금은화金銀花라는 이름으로 불린다. 고대 이집트, 그리스. 로마, 중국에서는 인동초가 집안에 길조를 가져다준다는 믿음에 귀족들의 사랑을 받았으며, 우리나라에서는 고위관직자들이 먹는 음식이라고 해서 세인의 관심을 받았다.

인동초꽃이 지고, 감나무에 매달린 감들도 제 몫을 다 하고 나면 찬바람이 일었다. 겨울 찬 바람을 이겨내고 강인하게 살라는 의미로 아버지는 인동초 넝쿨을 잘라 식혜를 만들어 주셨다. 인동초 식혜의 쌉싸름한 맛은 긴긴 겨울밤 아랫목에 발을 맞대고 먹는 즐거움을 주었다.

딸을 다섯이나 둔 아버지는 '미래의 엄마가 될 우리 딸들은 몸이 따뜻해야 한다.'며 여름철에는 익모초를 베어다 환을 만들어 먹이고, 겨울철에는 인동초 식혜를 만들어 주셨다.

이제 부모님도, 부모님과 함께 살았던 고향 집도 기억의 저편으로 멀어져 가고 있다. 고향을 떠나온 지 수십 년 만에 만난 골담초에 부모님 모습이 어린다. 부모님을 대하듯 골담초 꽃잎에 입맞춤하며 고향 집 뒷마당을 그린다.

회장님 우리 회장님

　참 속도 없다. 아버지는 기어코 최 씨네 상가喪家로 가셨다. 마을의 궂은일을 도맡아 하는 아버지다. 최 씨 할머니의 부음訃音을 듣고 염을 하러 갔었다. 손님이 오셨다는 언니의 새하얀 거짓말에 집으로 와 계시다 깜빡 잠이 든 언니 몰래 빠져나가신 것이다.

　최 씨네는 동네에서 제법 큰 부자로 알려져 있었다. 큰 과수원을 여러 개 가지고 있었고, 자녀들도 장성하여 제 목소리를 내고 있었다. 그런 그들은 욕심이 과해서인지, 교만해서인지 마을 사람들과 사이가 썩 좋아 보이지는 않았다. 어린 내 눈에는 자신의 이익과 안위만 우선하는 듯 보였다. 조그만 시골 마을에서 누구네 집 수저가 몇 개이며, 밥그릇, 국그릇 숫자까지도 서로 파

악할 정도로 가깝게 지내건만 그네들은 그렇지 않아 보였다.

아버지는 위로 형이 둘, 아래로 여동생 둘을 둔 다복한 집안의 셋째 아들이었다. 엄격한 할아버지 덕에 큰아버지는 일본으로, 작은아버지는 독립운동을 위해 만주로 떠나버리고, 할머니마저 여의었다. 병든 할아버지와 두 고모를 데리고 살다가 늦게서야 9살 연하의 우리 엄마를 만나 신접살림을 꾸리셨다.

아버지는 외할머니의 맏사위였다. 외할머니는 일찍 혼자되어, 아들, 딸 삼 남매를 키우시다 사위를 얻은 것이었다. 외할머니는 스무 살의 과년한 딸과 열 살 터울의 큰아들, 그보다 세 살 어린 작은 아들과 사셨다. 꽉 찬 나이의 사위를 얻으니, 천군만마를 얻은 듯했었나 보았다. 천성이 근면 성실한 아버지는 외할머니 봉양에 어린 외삼촌들 뒤치다꺼리, 농사일 무엇하나 모자람 없이 척척 해 나갔다. 외할머니는 그런 아버지를 남편처럼 아들처럼 의지하고 사셨다. 외삼촌들도 출가하여 자녀들을 얻었다. 식구가 불어나자 아버지는 분가하려 했지만, 외할머니는 아버지를 놓아주려 하지 않으셨다.

그렇게 또 여러 해가 지나고 나서 독립하여 나온 곳이 내가 태어나 자란 곳이었다. 새 보금자리에 터를 잡은 아버지는 대문간에 조그만 의자를 놓고 마을 사람들의 이발을 해 주셨다. 나 또한 여고생이 되어 갈래머리를 땋기 전까지는 아버지의 무료 이발소를 이용했다. 대부분의 마을 사람은 아버지의 골목 이발소를 이용했다. 최 씨 가족들도 아버지의 값없는 이발소를 이용했는지는 기억에 없다.

아버지의 무료 봉사는 여기에 그치지 않았다. 마을에 누군가 배앓이라도 할라치면 민간요법으로 치료해 주셨고, 지압이나 응급처치도 서슴지 않으셨다.

"인숙이는 누가 급체라도 하면 엎어 놓고 밟았지. 나도 여러 번 구해줬어."

아버지 친구분의 말씀이다. 인숙仁淑이라는 이름값을 톡톡히 했다는 말씀도 덧붙이셨다. 아버지의 함자가 분명히 있음에도 불구하고 친구분들이 아버지를 인숙이라고 부르신 데는 그만한 이유가 있는 듯했다.

아버지는 마을의 궂은일은 도맡아 하셨다. 논농사가 주업인 마을. 구만 평이나 되는 너른 들에 물을 대기란 그리 만만치 않은 일이었다. 아버지는 농사철이 되면 저수지 깊숙이 있는 수문을 열어 농사를 지을 수 있게 도우셨다. 당시의 수문水門은 오늘

날의 수문과 달라서 저수지로 들어가 손으로 열어야만 했다. 저수지 깊숙이 들어가 밑바닥 가까이 있는 수문을 여는 일은 자칫 잘못하면 물살에 휩쓸려 목숨을 잃을 수도 있었다. 일제 강점기에 만든 저수지는 그 크기나 저수량도 엄청났다. 어른 걸음으로 입구에서 끝까지 한 시간가량 걸렸고, 둘레는 온전히 돌아본 적이 없다. 아마 어린 내가 걸어서 저수지를 한 바퀴 돌았다면 온종일 걸렸을 것 같다.

아버지는 누군가에게 도움이 된다면 목숨도 아끼지 않을 분이셨다. 이런 아버지가 최 씨네라고 마다할 리 없었다. 더구나 초상이 나서 염을 해야 하는 일이었다. 시신을 만지는 일은 미신이 만연해 있는 시골 마을에서는 터부시하는 일이었기에 더더구나 그러했다. 언니가 잠든 사이 모든 일을 끝이 냈고, 최 씨네 할머니 장례식도 무사히 마칠 수 있었다.

언니가 아버지를 말리는 데는 그만한 이유가 있었다. 아버지가 외할머니의 그늘에서 벗어나 현재의 마을에서 일군 아버지의 땅 1,440평. 그곳으로 가는 길은 마을을 벗어난 산길이었고, 모든 일은 지게에 의존해야만 했다. 마을 끄트머리에 손수레를 두고 지게로 수확물을 옮겨야 했는데 하필이면 그 길이 최 씨네 과수원을 지나는 길목이었다. 이 길목을 그들이 막아 버린 것이다. 그 일로 아버지는 어린 최 씨네 아들에게 길을 터 달라고 사정할 수밖에 없었고, 최 씨네 아들에게 수모를 당하기까지 하신 것이었다. 이 일을 언니가 알고 있었던 것이다.

아버지의 도움으로 할머니의 장례식을 무사히 치른 최 씨네 사람들은 아버지를 찾아와 무릎을 꿇고 사죄했고, 아버지의 땅으로 가는 길이 수월해졌다. 그뿐 아니라 아버지의 땅 부근에 있던 다른 분들도 그 길을 편하게 이용할 수 있게 되었다.

아버지의 실천적 사랑 나눔은 거기에 그치지 않았다. 남녀노소를 불문하고 주검을 거두셨고, 이 마을 저 마을 떠돌며 문전걸식하는 거지들에게도 비록 찬밥에 냉수 한 사발일지언정 꼭 밥상에 차려서 내놓게 하셨다. 집에서 기르는 가축이라고 예외는 아니었다. 옆집 황소가 미친 듯 날뛰던 날에도 거기 계셨고, 아버지의 몫은 누구보다 더 컸다.

고등학교 때의 일이다. 빗줄기가 억수같이 쏟아지던 저녁 어스름이었다. 젊고 예쁜 여자가 비를 맞으며 우리 집으로 들어왔다. 똑같이 비를 맞은 아버지의 뒤를 따라 들어 온 의문의 여자는 우리를 당황하게 했다. 평생을 아버지만 바라보고 사셨던 엄마였다. 아버지에게 엄마 외에 다른 여자가 있을 거라고는 상상도 할 수 없는 일이었다. 내 눈을 의식했음인지 엄마는 싫은 내색도 못 하고 여자를 씻기고 입혀 밥을 먹이고 잠까지 재워 보냈다. 행색을 보아하니 여자는 정상적인 사람이 아닌 듯했다. 비정상적인 여자를, 그것도 비 오는 날 밤에. 도무지 이해할 수 없는 일이었다. 날이 밝아서야 알게 된 일이지만, 그녀는 거리를 떠도는 미친 여자였고, 비를 맞고 다니는 것이 불쌍해서 아버지가 데려오신 것이었다. 뭇사람들의 의심스러운 시선도 두려워하지 않는 아버지의 모험적 선행이었다.

아버지는 동네 분들 기억 속의 회장님이셨다.

마을 사람들이 아버지를 회장님으로 부르는 것은 시골 공소의 회장으로 사신 때문은 아닌 듯했다. 일제의 압박에서 간신히 벗어났지만, 국토는 전쟁으로 황폐해지고, 굶주린 사람들이 초근목피로 생계를 이어갈 수밖에 없게 되자 아버지는 유산으로 받은 농토를 팔아 마을 사람들이 생계를 이어갈 수 있게 도우셨다.

아버지가 되돌아올 수 없는 먼 길을 떠나시던 날, 옆집 할머니는 회장님은 내가 죽으면 꽁꽁 묶어서 묻어 주고 간다더니 먼저 가셨다며 눈물을 보이셨다. 할머니의 어깨 위에 머문 아버지의 손길을 느낄 수 있었다.

일생 나눔의 삶을 사신 아버지가 천국행 열차를 타시던 날은 설 명절을 갓 지난 겨울이었다. 아버지와 이별하고 돌아서는 하늘에는 정월 대보름 달이 영글어 있었고, 날씨는 포근했다. 겨울 날씨답지 않게 포근했던 것은 아버지를 사랑하셨던 동네 어르신들의 마음이 모여진 탓이었을까?

수탉의 비애

실로 오랜만이다. 닭 울음소리가 새벽을 알린다. 내 귀를 의심했다. 도심에서 닭 울음소리라니. 선잠에서 깨어나 정신을 수습한다. 거실의 텔레비전은 아직 자고 있다. 잘못 들은 걸까, 양치를 위해 욕실로 향한다.

"꼬끼요!"

어둠이 채 가셔지지 않은 창문 너머로 분명하게 들리는 소리를 쫓는다. 이른 아침 새 소리만 청아하다. 어디에도 닭은 보이지 않는다. 새소리를 들으며 돌아서려는데 또 들린다. 내 귀에 이상이 없다면 분명 닭 울음소리다. 그것도 아주 건강한 수탉 울음소리다.

두 눈은 크게 뜨고, 귀는 열고 여기저기 살핀다. 한참을 찾다

보니 저만치 건물 옥상에 늠름한 자태를 뽐내며 한껏 목을 부풀리는 수탉 한 마리가 보인다.

"꼬끼요!"

마치 나를 비웃듯 일갈하고는 홀연히 시야에서 사라져 버린다. 그날 이후 한동안 닭 울음소리로 하루를 열었다.

어린 시절 시골에서 살았다. 여느 집처럼 우리 집 마당에도 닭들이 있었다. 봄이면 그다지 크지 않은 앞마당에 어미 닭이 병아리들을 몰고 다녔다. 마루 밑 강아지는 무시로 병아리를 쫓아다니다 어미 닭에게 혼쭐이 나곤 했다. 깨갱거리며 마루 밑으로 숨었다가 병아리 쫓기를 일삼아 지내던 강아지는 그렇게 성견이 되었고, 병아리들은 암탉으로 혹은 수탉으로 자라났다.

마당으로 뒤뜰로 골목길로 휘젓고 다니던 닭 무리 중에 유난히도 눈에 띄는 수탉 한 마리가 있었다. 다른 닭들과 달리 털빛에 윤이 나고 늠름해 보였다. 윤기 나는 깃털, 곧게 뻗은 목, 왕관 같은 벼슬, 우아한 걸음걸이는 군왕을 연상케 했다. 마루 밑의 견공도 이 녀석에게는 감히 덤빌 엄두도 못 내는 듯하였다.

새벽이면 어김없이 천하를 호령하여 아침을 깨우고, 암탉들을 거느리고 온 집안을 활보하고 다녔다. 한껏 목에 힘을 주고 다니던 녀석의 세도는 하늘을 찌를 듯했다. 마당의 암탉들을 다 차지하고도 부족했던지 언제부턴가 둘째 언니를 넘보기 시작했다. 눈에 보이지도 않던 녀석이 언니가 방에서 나오기만 하면 여지없이 나타나 쫓아다녔고 언니는 줄행랑을 쳤다.

어느 비 오는 여름날이었다. 마당은 텅 비어 있었고, 마루 밑의 견공도 연신 하품하다가 잠들었다. 언니는 빗소리를 음악 삼아 발걸음도 가볍게 아버지의 점심상을 들고 사랑채로 향하고 있었다. 갑자기 천둥소리가 들리는가 싶더니 언니의 비명이 들렸다. 아버지의 밥상은 마당을 뒹굴고 있었고, 쓰러진 언니는 수탉의 애정 공세에 속수무책으로 당하고만 있었다. 밥상을 들고 나서는 언니를 녀석이 뒤에서 덮친 것이었다. 아버지의 고함과 함께 빗자루가 날아들었고, 녀석은 자취를 감추었다. 그 일로 언니는 며칠을 앓았고, 녀석의 모습은 어디에서도 볼 수가 없었다.

비웃듯 일갈하고 사라진 옥상의 수탉을 보면서, 빛나는 곤룡포에 붉은 왕관을 쓰고 우아하게 마당을 휘젓고 다니던 그 녀석, 이룰 수 없는 사랑을 꿈꾸다 사라진 그 수탉이 연상되는 것은 무슨 연유일까?

장맛비 사이로 가끔 내비치는 태양이 열기를 뿜어 댄다. 복날도 두어 번 지난 듯하다. 언제부턴가 닭 울음소리가 들리지 않는다. 한낮의 열기 속으로 매미 소리만 요란하다.

손 좀 잡고 가지

아침이 산뜻하다. 산행을 나선다. 상큼한 바람은 얼굴을 간지럽히고 코끝으로 들어오는 풀 내음은 머리를 맑게 한다.

그날도 오늘처럼 쾌청한 날이었다. 저만큼에서 늘씬하게 키가 큰 노신사 한 분이 성큼성큼 걸어가고 있었다. 어디선가 많이 본 듯한 뒷모습에 빙그레 웃고 있는데 아니나 다를까 아담한 노부인이 종종걸음으로 뒤따르고 있었다.

부모님이시다. 아이고 손 좀 잡고 가시지. 우리 엄마 바빠서 큰일 났네. 언제 따라가시려나?

어릴 적 내가 살던 집은 집 앞으로 작은 내가 흐르고, 구만 평이나 되는 넓은 들판이 펼쳐져 있었다. 넓은 들판 사이로 철길이 있었고, 철길 건너에는 금호강이 흐르고 있었다. 강 너머로도 들과 과수원들이 있었다. 산그림자는 저만치 멀리 있었고 탁 트인 들판의 끝은 눈길이 닿지 않았다. 뒷산을 배경으로 한 넓은 들판 사이로 길게 뻗어 있는 신작로를 오가는 사람들은 몸을 숨길 것도 없이 한눈에 들어왔다.

나른한 여름날 오후, 대문간에 들마루를 내놓고 앉아 오가는 사람들의 모습을 구경하는 것은 놓칠 수 없는 재밋거리 중 하나였다. 그날도 마루에 앉아 한길에 사람이 나타나기를 기다렸다. 때마침 부모님이 걸려들었다. 기다란 다리로 성큼성큼 걸어가는 아버지와 종종걸음으로 뒤따르시는 어머니.

연세 지긋한 노부부가 손을 잡고 산책하거나 나들이하는 모습은 영화에서나 보는 장면인가, 아니면 상상이거나 꿈속에서나 가능한 일인가, 가끔 연세 지긋한 분들이 손을 잡고 가는 모습이 아름다워 보이기도 하고 부럽기도 했다.

나의 부모님도 나란히 손을 잡고 다니는 모습이 보고 싶었다. 그러나 단 한 번도 그런 모습을 보여 주지 않으셨다. 오십 년을 한 지붕 밑에서 한 이불을 덮고 사시면서 7남매나 두셨는데 뭐가 그리 쑥스러우신지.

"아버지, 나들이 가실 때 엄마랑 손 좀 잡고 다니세요. 아버지 혼자 저만큼 앞서가고 엄마는 맨날 뒤에서 쫄래쫄래 따라가고, 강아지도 아니고 이상하잖아요?" 아버지는 빙그레 웃기만 하셨고, 엄마는

"야야, 우세스럽게." 또는

"밍구스럽게."하며 말꼬리를 흐리셨다.

칠십이 넘은 노인네가 뭐가 우세스럽고, 뭐가 면구스러운 건지 소녀 같은 미소로 답하는 엄마가 귀엽게만 느껴졌다.

점점 엄마 나이에 가까워지고 있다. 친구들과 여행하다 남녀가 다정하게 손을 잡고 다니는 모습을 보게 되었다. 한 친구가 말했다.

"저 사람들 진짜일까? 가짜일까? 아무래도 가짜 같지?"

부부가 저렇게 다정하게 손을 잡고 다닐 수가 없다는 거다. 부부는 일정한 간격을 두고 다니고, 연인은 다정하게 손을 잡고 다닌다고 한다. 청춘 남녀가 손을 잡고 다니는 것은, 지극히 자연스럽고 아름답다고 하면서, 나이 많은 남녀가 다정하게 손을 잡고 다니면 의심의 눈길을 보내는 것은 무슨 연유일까.

부부는 애증의 관계라고 하더니 그 말이 맞나 보다. 사랑보다 정으로 사는 사이라고 한 것도 같다. 같이 늙어 가는 것이 애처

로워서, 평생을 가족을 위해 희생해 준 것이 고마워서 살아가는 건가 보다. 굳이 손잡고 걷지 않아도, 서로를 너무나 잘 아는 사이인가 보다. 그래도 그렇지 나이 지긋한 남녀가 같은 길을 걸으면서 손잡고 다니면 어색하고, 불륜으로 보는 건 편협된 시각일까, 아니면 현실이 그런 걸까, 한 번쯤 생각해 볼 문제다.

산길로 접어들었다. 한참을 가다 보니 다리도 아프고 힘들기도 하다. 슬그머니 옆에 가는 남편의 손을 잡아 본다. 잠깐을 그렇게 가나 싶더니 이 사람 슬며시 손을 뺀다. 뭐야 이 양반, 이 양반도 우리 부모님을 닮아가나? 아무도 없는 산길에서 손 좀 잡아주면 어디 덧나나? 서운한 마음을 숨기며

"좀 쉬었다 가."

"힘들었어? 잠깐 쉬었다 가지 뭐."

무덤덤한 얼굴로 내뱉는 그이의 얼굴을 곱게 흘겨본다.

쉬는 날이면 나들이를 가자고 권유하는 남편은 대청댐 둘레 길을 걸을 때도, 세조 길을 걸을 때도, 산길을 걸을 때도 잡은 손을 슬그머니 빼내고 저만치 혼자 걸어간다. 혼자 갈 거면 돌아보지나 말든지, 가던 길을 멈추고 수시로 돌아본다.

어이구, 힘들 땐 손 좀 잡아주지. 연인처럼, 친구처럼 다정하

게 손잡고 다니면 누가 뭐래? 잡은 손을 슬그머니 빼내는 남편에게서 그 시절 나의 부모님을 본다.

빈 둥지

　친구가 있다. 기다란 속눈썹에 큰 눈을 가진 너무 예쁜 친구다. 맑은 호수 같은 커다란 눈은 온 세상을 다 담을 듯하다. 기다란 속눈썹은 눈이라도 내리면 쌓일 것 같고, 가끔 껌뻑거릴 때면 맑은 물이 쏟아져 내릴 것 같은 아름다운 눈을 가진 친구다. 그 눈 속에는 하늘이 있고, 산이 있고, 강이 있고, 넓은 풀밭이 있고, 나무가 있고 내가 있다.

　늘 황소만 키우시던 아버지가 육순이 되던 해에 암소를 사다 키우셨다. 황소를 부리기에 힘에 부치셨는지도 모르겠다. 그것이 그녀와 나의 인연의 시작이었다. 농사꾼에게 소는 없어서는 안 될 소중한 일꾼이며 재산이었다. 오빠들이 둘이나 있었지만 출가해서 타지에 살다 보니 소 앞잡이는 늘 내 담당이었다. 학교를 파하고 일찍 귀가하거나, 쉬는 날 밭갈이라도 할라치면 아버지는 으레 나를 데리고 나가셨다. 우로 가자, 좌로 가자, 돌아가자 하는 아버지의 목소리에 따라 움직이던 순한 모습이 아직도 눈에 보이는 듯 선하다.

초여름 태양 빛에 자두의 반란이 시작되던 날, 우리의 반란도 시작됐다. 그녀와 나는 자두가 익어가는 과수원을 지나, 루비 같은 넝쿨 딸기가 익어가는 공동묘지가 있는 야트막한 언덕으로 갔다. 그녀와 함께라면 공동묘지도 무섭지 않았다. 그녀는 한가로이 풀을 뜯고 나는 묏등에 누워 흰 구름 뭉게구름 모두 불러 모아 이름을 붙였다. 태초의 아담이 되어 하늘의 동물들을 호령했다.

한참을 신나게 놀다 깜빡 잠이 들었나 보았다. 얼마나 지났을까, 누군가 내 옆구리를 툭툭 치고 있었다. 깜짝 놀라 깨고 보니 그녀의 눈 속에 노을빛이 가득했다. 집으로 가기 위해 일어서는 나보다 그녀가 앞장을 섰다. 석양빛에 빛나는 그녀의 뒷모습은 온통 황금빛이었다.

우리의 반란은 가을걷이가 끝날 때까지 이어졌다. 묏등에 누워 하늘을 볼 때도, 원두막 그늘에 엎드려 책을 볼 때도, 여름

밤 모깃불에 감자를 구워 먹을 때도 우리는 함께였다. 같은 하늘을 보고, 별을 보고, 군감자를 나눠 먹었다.

이듬해 겨울 그녀는 저보다 더 예쁜 송아지를 내게 안겨 주었다. 코뚜레를 하지 않은 송아지는 천방지축 날뛰었고, 사립문을 넘어 한길로 내달리기 일쑤였다. 오만방자한 송아지를 집으로 데려오기란 쉬운 일이 아니었다. 막무가내기인 송아지를 데려오기 위해서는 그녀의 도움이 필요했다. 그녀는 살 에일 듯 추운 날씨임에도 알몸으로 밖으로 나가야 하는 수고를 마다하지 않았다.

그녀에게서 자식을 위해서라면 온갖 수고도, 수모도 마다하지 않는 어머니의 모습을 보았다. 탕자를 맞아들이는 성경 속 아버지의 자애로움도 보았다. 끌려 들어온 송아지의 등을 핥아 주는 그녀의 눈이 촉촉이 젖어 있는 듯한 것은 착각이었을까. 기억의 부재일까. 송아지 코에 코뚜레를 뚫던 날 송아지 울음소리보다 그녀의 소리가 더 크게 들렸던 것도 내 기억의 오류인지도 모르겠다.

입춘이 지난 지도 오래건만 밤사이 여물통에 남아 있던 물이 꽁꽁 얼어붙고, 동장군과 봄바람의 자리다툼이 아직도 끝나지 않은 날 송아지와 이별을 해야 했다. 또다시 그녀의 눈에서 일렁이는 물결을 보았다.

그해 여름, 광풍을 동반한 소나기가 한차례 퍼붓고 지나가던 날 우리의 반란도 끝이 났다. 집을 나서는 그녀의 맑고 큰 눈에서 일렁이는 파도를 보았고, 나는 뒷마당을 자주 찾게 되었다. 텅 빈 외양간마냥 비어버린 내 마음은 오랫동안 채워지지 않았다.

함께 걷던 금호 강변 미루나무는 그녀의 눈망울처럼 촉촉한 푸르름으로 이렇게 서 있는데, 부서지는 햇살을 온몸으로 받아내며 황금빛으로 빛나는데…

아이들이 하나, 둘 떠나가고 홀로 남은 거실에서 그날의 나를 본다. 송아지를 떠나보내고 눈물짓던 그녀의 마음을 헤아려 본다. 또다시 일렁이는 그녀의 눈망울을 본다.

묻어버린 아픔

어머니를 묻고 오던 날, 내 기억도 묻어버리고 싶었다. 그날도 오늘처럼 비가 내렸다. 재가 된 어머니의 온기는 내 곁을 맴돌고 있었고, 우산을 받쳐 든 동생의 팔은 가늘게 떨리고 있었다.

열두세 살 때쯤이었던가? 막 사춘기에 접어들어 몸도 마음도 예민하던 때였다. 학교에서 환경 정리를 하던 날이었다. 자기 일을 끝낸 친구들이 하나둘 집으로 가고 혼자 남은 나는 억수같이 퍼붓는 비로 학교에 갇혀 버렸다. 오는 비를 다 맞고 가기에는 집으로 가는 길이 너무 멀었고, 비를 피할 곳도 없는 허허벌판이었다. 저녁으로 가는 시계는 빨리도 달렸다. 비가 몰고 온 무서움과 추위는 어둠이 깔리는 교정에 버무려지고 있었다. 마냥 학교에 머물러 있을 수는 없었다. 학교에 머물러 있기에는 너무 춥고 무서웠다.

용기를 내서 빗속으로 한 발짝 내딛는 순간, 희끄무레한 형체의 움직임에 놀라 소리도 지르지 못하고 멈춰 섰다. 긴장한 몸은 금방이라도 주저앉을 것만 같았다.

"내다. 놀랬나? 늦게 와서 미안타."

어머니였다. 폭풍우 쏟아지는 십여 리 길을 와 주신 어머니였다. 어머니는 비에 흠뻑 젖어 있었다. 어머니를 끌어안고 와락 울음을 터트렸다.

그런 어머니를 멀리 떨어져 있다고, 먹고살기에 바쁘다고, 어쩌다 한번 고개만 불쑥 디밀고 돌아섰던 몇 안 되는 날들을 지워버리고 싶었다. 버스를 서너 번씩 갈아타고, 30여 분을 걸어야 어머니를 뵐 수 있었다. 두 아이의 손을 잡고 찾아가면 흰머리 굽은 허리의 내 어머니는 지팡이에 의지한 채 늘 그 자리에 있었다. 혹여 꿈속에라도 보이면 전화를 걸어 안부를 물어오던 내 어머니였다.

학교를 졸업하고 직장을 다니던 때였다. 조그만 출판사에서 하는 일이 겨울이면 무시로 밤을 새워야 했다. 일의 무게에 눌려 지독한 감기에 걸리고 말았다. 간신히 지어온 약들도 지친 내 몸을 일으킬 수는 없었다.

얼마만큼의 시간이 지났을까, 서늘한 손길에 눈을 뜨니 거기 어머니가 계셨다. 꿈이라면 깨지 말기를 바라며 다시 보아도 분명 내 어머니였다. 머리맡에는 한약 사발이, 이마에는 물수건이 얹혀 있었다. 어떻게 알고 오셨는지 이마에 손을 얹고 계신 어머니 눈에 이슬이 맺혀 있었다. 어머니의 얼굴과 손의 주름이 더 깊어져 보였다. 수십 년의 세월에도 지워지지 않는, 인장처럼 각인되어 있는 기억의 한 부분이다. 꿈자리가 사나워서 와 본 거라고 했다. 말하지 않아도, 애써 알리지 않아도 나를 찾아주는 어머니였다. 나보다 더 나를 사랑한 어머니를 추억의 뒤편으로 넘겨버리고 싶었다. 연필로 두 줄을 긋고 있었다.

90여 년을 살아오면서 내 곁을 지켜 주던 어머니는 아흔네 번째 생신을 보내고 요양원에 입소했다. 농번기에 팔을 다친 올케언니의 수고스러움을 들어주기 위해서였다. 팔이 회복되면 다시 모시러 오겠다는 언니의 말에, 어머니는 많은 사람이 어우러져 사는 것이 보기에 좋다고 했다. 아무 염려 말라고도 했다.

그랬던 어머니가 무슨 생각을 했는지 이튿날부터 식음을 전

폐했다. 한 모금의 물도 마다한다는 소식을 듣고 어머니를 뵈러 갔다. 어머니는 나를, 나는 어머니를 알아보지 못했다. 사람이 이승을 떠날 때면 얼굴 모습이 변한다고 했던가. 하지만 딸인 내가 어머니를 알아보지 못하다니. 그렇게 먼 길을 돌아 어머니를 뵙고 오던 날, 나를 알아보지 못하는 어머니 생각에 눈앞이 흐려 왔다. 모습이 조금 바뀌었다고 알아보지 못한 나 자신이 너무 한심스러워 또 한 번 내 기억에 두 줄을 긋고 있었다.

어머니는 내게 다시 뵈러 갈 기회를 주지 않았다. 입소한 지 일주일도 채 안 되는 날이었다. 돌아가시기 전 오로지 고해 신부님만 찾았다.

"네 엄마는 천사야, 천사가 되고 남은 찌꺼기가 네 엄마야."

입버릇처럼 하던 아버지의 그 말이 지금은 무색하다.

어머니를 보내고 돌아오는 길이었다. 이별의 상처가 채 아물기도 전에 차 안에서 받은 한 통의 전화는 내 가슴을 더 아리게 했다.

"어버이날인데 꽃 안 사 오니?"

사돈 장례식에 인사치레도 하지 않은 분이 가당키나 한 소린가? 어머니를 보내고 오는 슬픔보다 시어머니 처사에 더 화가 났다. 이별의 아픔을 달래주려는 또 다른 표현이겠지 생각도 해봤다. 하지만, 무너져 내리는 가슴은 위로도 마다했다. 내 어머니께 못다 한 효도를 시어머니께 해 드리고 싶은 마음과 위로받고 싶은 마음이 겹쳐졌다.

내 기억 속의 어버이날은 해마다 왔었고, 또 올 것이다.

하지만 오늘은 사랑하는 내 어머니를 영영 보내고 오는 날이다. 재가 된 어머니의 온기는 아직도 남아 있다.

어버이날 꽃을 꼭 내게서 받아야만 하는 별다른 이유가 있는 건지도 모르겠다. 꽃과 이별 사이를 서성이다 꽃 대신 꽃 화분을 사다 던지다시피 전해 드렸다. 서운한 마음이 전해진 건지 화분만이 내 손을 떠났다. 꽃 사랑이 유별하신 시어머니께 해마다 사다 드린 꽃이건만 내 손에 남는 것은 허전함 뿐이었다. 지워지지 않는 아픔과 두 분 어머니께 저지른 불효가 가슴에 생채기로 남았다. 미안해하는 남편의 눈길이 대청호를 더듬고 있다. 난 오늘 한잔 술이 고프다. 불빛마저 흐릿한 포장마차에서 혼자여도 괜찮다. 좋은 친구가 함께해 준다면 더 좋겠지만.

상처가 아물 틈도 없이 여기까지 와 버렸다. 놓지 못하는 어머니에 대한 그리움이 전해진 걸까. 바람에 실려 온 어머니의 숨결이 느껴진다. 이제는 어머니를 내 가슴에서 보내 드려야겠다. 아름다운 기억들만 남겨야겠다.

친가와 시댁을 다 헤집어 보아도 시어머님보다 더 큰 어른은 안 계신다. 시어머니마저 세상을 뜨고 나면 어머니 자리는 내 자리가 될 것이다. 집안의 가장 큰 어른이 된다는 건 어떤 기분일까. 꽃을 들고 가던, 빈손으로 가던 마냥 좋아하시는 시어머니를 보고 있노라면 그날의 기억도 추억이 된다.

"며느리 우리 며느리, 아들 우리 아들, 안 왔어. 못 봤어. 오래됐어."

짤막한 단어만 반복적으로 되풀이하시는 시어머니의 속마음은 아득하여 멀기만 하다.

초록이 짙어지고 있다. 어버이날과 어머니 기일이 겹쳐서 내게로 오고 있다. 산자는 산자를 위해 사는 것이 죽은 자를 위해 사는 것보다 더 의미가 있는 듯하다. 죽은 자는 죽은 자에게 맡기고 아직 살아 있는 나는 살아 있는 시어머니께로 가야겠다. 앵무새처럼 같은 말만 반복하시는 어머니, 점점 어린아이가 되어 가는 시어머니를 한 번이라도 더 보아야겠다. 난 오늘 빨간 카네이션을 들고 시어머님께로 향한다.

시골뜨기들의 겨울나기

늦가을 들녘은 적막하다. 가을걷이가 끝난 논바닥을 바람이 휩쓸고 간다. 이삭을 줍던 동무들마저 떠나버린 들녘은 바람 저 혼자만의 세상이다. 가끔 지푸라기들이 바람의 장단에 몸을 맡길 뿐.

추수가 끝나면 보리 파종을 했다. 수은주가 영하를 가리키면 보리 파종을 하지 않은 농부는 핑계처럼 논바닥에 물을 불러들였다. 논바닥은 마파람에 게눈감추듯 물을 삼켜 얼음판을 토해놓았다. 논바닥 얼음판은 개구쟁이들의 썰매장이 되었고, 놀이터가 되었다.

아이들은 너나 할 것 없이 썰매를 메고 논바닥썰매장으로 모였다. 이제 막 걸음마를 시작한 꼬맹이를 데리고 나온 새댁에서

떼쟁이 손주의 손에 이끌려 나온 할머니까지 논바닥썰매장은 겨울철 마을의 축제장이었다. 손발이 빨개지도록 얼음을 지치다 보면 초가지붕 위로 하얀 저녁연기가 몽글몽글 피어올랐다. 연기를 타고 온 밥 냄새에 시장기를 느낀 아이들은 썰매를 매고 꽁꽁 언 손을 호호 불며 슬금슬금 집으로 갔다.

저녁을 먹고 나면 마을 어르신들은 사랑방에 모여 새끼를 꼬거나 화투장을 놓고 긴긴 겨울밤을 달랬고, 아이들은 주인 없는 사랑방을 찾아 옹기종기 모여 이야기꽃을 피웠다.

유난히도 추운 어느 날이었다. 그날도 아버지는 동네 아이들을 위해 사랑방을 기꺼이 내주고 마실을 가셨다. 따끈한 아랫목. 이불 속에 발을 넣고 모여 앉은 아이들의 이야기가 이어졌고, 나의 대장은 인내력을 잃어 갔다. 아버지의 애장품 일력 종이를 들고 뒷간으로 향했다. 화장지라는 이름조차 생소하던 때였다. 변을 보고 뒤처리는 밀가루 포대를 잘라 만든 종이를 비벼서 쓰거나, 그나마 헛기침 좀 하는 집에서는 신문지로 뒤처리를 했다. 그러니 야들야들한 일력 종이는 뒤처리하기에는 더없이 좋은 것이었다. 아버지는 날 지난 일력 종이를 화장지 대용으로 쓰고 계셨던 것이었다.

전깃불도 없던 때라 깜깜한 밤에 뒷간에 가는 일은 대단한 용기가 필요했다. 더군다나 집이 산 밑에 있을 때는 더더욱 그랬다. 큰일을 봐야 하니 요강을 쓸 수도 없고 난감했다. 입담 좋은 친구들의 무서운 이야기가 절정에 달해 있는 시간에는 설명이 필요 없었다. 그렇다고 마실 가신 아버지를 불러올 수도 없는 일이었다. 아버지는 밤에 화장실을 갈 때면 지킴이가 되어 주셨는데.

팔을 휘젓고 있는 캄캄한 뒷산의 나무, 텅 빈 뒷마당에 일렁이는 그림자, 먹이를 찾아다니는 쥐들의 바스락대는 소리, 바람 소리. 야속한 대장을 원망하며 뒷간의 나무 발판에 올라서려는 순간 똥통에 한쪽 발이 빠지고 말았다. 나오려던 대변도 엉거주춤 멈춰 버렸다.

창피함이 무서움을 앞질렀다. 창피함은 막 얼어붙기 시작한 앞 도랑으로 나를 끌고 갔다. 발을 씻고, 바짓가랑이에 묻은 오물들을 씻었다. 아무리 씻어도 냄새는 가시지 않고, 옷이 빨아지는지 얼어붙고 있는지. 손이 시린지 발이 시린지 분간할 수도 없었다. 고무신이 그렇게 고마웠던 적은 그전에도 없었고, 그 후에도 없었다.

어른거리는 그림자에 놀라 비명조차 목구멍에 걸려 버렸다. 황급히 붙잡는 손이 아버지였다. 참고 있던 서러움과 무서움이 한꺼번에 쏟아져 나왔다. 아버지는 사랑방에 모여 있는 아이들에게 불호령을 내리셨고, 영문도 모르는 아이들은 힐끔거리며 흩어져 갔다. 십 대들의 겨울나기였다.

사랑방도 주인에게 돌려드리고, 이야기도 바닥이 나자 언니들의 꽁무니를 따라다녔다. 뜨개질 바구니나 홀치기 틀을 들고 오종종하게 모여 앉아 수다를 떠는 언니들의 잔심부름도 하고, 뜨개질감을 나눠 받아 용돈벌이도 했다.

언니들은 밤이 이슥해지면 김치 서리를 했다. 누구네는 동치미가 맛있고, 누구네는 갈치김치가 맛있다며 대접들을 들고 나갔다. 살얼음이 살짝 얼어있는 동치미에 찬밥 한 덩이는 출출한 겨울밤 야식으로는 최고의 별미였다. 가끔은 마당 한 귀퉁이에 움을 파고 저장해 둔, 무나 고구마, 배추 뿌리를 꺼내 먹기도 했다. 거기에 마을 청년들이 합세한 적이 있었다. 그네들은 용감하게도, 아니 어쩌면 언니들에게 점수를 따르고 그랬는지도 모르겠다. 그들이 닭서리를 나선 것이었다. 마을에서 헛기침 좀 한다는 집의 닭을 잡아다가 호기롭게 닭볶음탕에 소주까지 한

잔씩 나누고 기분 좋게 헤어졌다.

이튿날 아침은 고함으로 열렸다. 고래고래 지르는 고함에 이어 탄식까지. 온 마을이 순식간에 잠에서 깨어났다. '아니, 닭 한 마리 서리 당하는 것이 어제오늘 일도 아니고, 자기네 집만의 일도 아닌데 웬 소란이람. 고생하는 마을 청년들한테 닭 한 마리 내 주는 게 뭐가 어때서. 참 유별나네.'

생각과 현실 사이는 너무나 멀었다. 이 총각들 아가씨들에게만 정신이 팔려 닭장 문을 열어 놓고 와 버린 것이었다. 닭집 주인의 아들도 있었으니 안심하고 저지른 일이 사달이 난 것이었다. 닭장의 닭들은 행방이 묘연하고, 족제비에 살쾡이까지 닭 서리에 나선 모양이었다. 낮이면 토끼몰이에 꿩 사냥을 다니고, 밤에는 닭서리까지. 이십 대 청춘들의 겨울나기였다. 산업화가 진행되고 젊은이들이 마을을 떠나면서 사라져 버린 기억 속의 겨울나기였다.

지금이야 전화 한 통이면 넘쳐 나는 야식들이 눈 깜짝할 사이에 온다. 치맥에 족발, 보쌈, 닭발 종류도 가지가지다. 하지만, 긴긴 겨울밤 깜빡 졸다 일어나 먹던 고구마나 배추 뿌리, 동치미에 비길까. 이제는 아득한 추억 속에 그림자처럼 아롱거린다.

머리에 된서리가 내리고, 얼굴에는 세월의 흔적들이 길을 내고 있다. 낮이면 이엉을 엮고, 밤이면 사랑방에 모여 새끼를 꼬며, 막걸리 한 잔에 세월을 엮든 어르신들의 겨울나기가 그리워지는 것은 나이 탓일까, 세월 탓일까.

도시의 밤은 열기를 더해 가고 있다. 열대야로 잠 못 드는 이 밤 살얼음 동동 뜨는 동치미 한 사발이 생각난다. 돌아갈 수 없는 촌놈들의 그 겨울밤이 몹시도 그립다. 후덥지근한 바람이 도시의 밤을 휩쓸고 간다. 지푸라기 같은 비닐 조각만이 바람에 몸을 맡기고 있다.

4

우채색 봄

요양보호사의 삶은

요양보호사의 개별 된 삶이 아니다.

하나의 도구로서의 삶이며, 매개체로서의 삶이다.

온전히 내려놓지 못한다면 살 수 없는 삶이다.

요양보호사에게 '인권'이라는 말은

있는 그대로의 말일 뿐이다.

세상의 가장 낮은 곳에서

'바보' 이 한 마디 가슴에 안고 사는 것이다.

내가 아닌 너의 삶을 대신 살아 주는 것이다.

－본문 중에서

아름다운 동행

　내가 이 일을 시작한 것은 특별한 이유가 있어서가 아니다. 갑자기 팔을 쓸 수 없게 되면서이다. 알 수 없는 통증은 하던 일을 그만두게 했다. 궁여지책으로 이 일을 선택한 것이다. 지금은 내가 나에게 '참 잘했다.'라고 말해 주고 있다. 누구나 할 수 있지만 아무나 할 수 없는 일, 하면 할수록 인생의 참맛을 알아 가는 일, 이것이 나의 일이다.

　나는 요양보호사다.

　요양원은 도깨비 집이다. 울다가도 웃고, 웃다가도 울고, 욕을 얻어먹으면서도 배꼽을 잡고 웃는 곳이 이곳이다. 요양원은 다목적실이다. 때로는 창살 없는 감옥이었다가 편안한 쉼터가 되기도 하고, 호스피스 병동이 되기도 한다.

요양원 어르신들은 산타다. 어르신들은 보이지 않는 커다란 주머니를 하나씩 가지고 있다. 이 주머니에는 귀여운 어린이도, 고집 센 늙은이도, 예쁜 장난감도 넣고 있다가 필요할 때마다 하나씩 꺼내 놓는다.

거동이 불편한 어르신들을 이동시킬 때면 어린아이 다루듯 해야 한다. 달래고 어르고, '하나, 둘, 돼지 꿀꿀, 오리 꽥꽥!' 별별 재주를 다 부려야 한다.

나를, 죄 없는 나를 나쁜 ×가 여기다 가둬 놓고 아무 데도 못 가게 한다며 멱살잡이를 하고, 대걸레를 휘두를 때는 동네 무뢰배가 따로 없다.

"아이고, 명절이 다 되어 가는데 손님 맞을 준비도 해야 하고, 떡도 해야 하고….."

추석 명절이 가까워진 어느 날, 거실 한가운데 앉아 있던 할머니 한 분이 하는 말이다. 장난기가 발동하여 얼른 옆에 앉아,

"소 한 마리 잡아야죠?"

"아버지한테 혼나."

"그럼, 돼지는? 돼지가 세 마리나 되던데요."

"아버지한테 혼나."

닭장에 닭이 많던데 닭이라도 잡자고 해도 대답은 마찬가지다. 명절에 고기도 없이 어떻게 손님치레를 하느냐고 여쭈니,

"쥐나 잡어."

하고는 박장대소다. 그나마 말이라도 할 줄 아는 어르신들은 장난도 치고, 농담도 주고받지만 그러지 못한 분들이 대부분이라 서글퍼진다.

너무나 젊은 나이에 어르신이라고 부르기도 민망한 나이에 삶을 놓아버린 분들에게는 공허함만 가득 남아 있다. 삶의 중턱도 넘기 전에 느닷없는 병고의 노예가 되어 털썩 주저앉아 버린 저들의 삶을 누가 보상해 줄까. 자신의 인생이니 자신이 책임져야 한다고 감히 말할 수는 없지 않은가.

목숨이 붙어 있으니 생명이지 혼자서 할 수 있는 일이 아무것도 없다. 말도, 표정도 없이 그저 멍하니 천정만 올려다보고 있는 저들의 동공은 텅 비어 있다. 무엇이 저들에게 세상을 놓아버리게 했는지, 번뇌도 시름도 고통도 다 놓아버린 저들의 삶을 무엇으로 그려야 할지 그 방법을 모르겠다. 멍한 눈으로 저들이 바치는 희생제물은 오로지 자신들이기에 그저 묵묵히 합장할

수밖에.

　요양원은 요지경이다.

　의식은 있으나 움직이지 못하는 어르신들이 하루에도 몇 번씩 비상벨을 누르신다. 바쁜 와중에 하던 일을 멈추고 달려가면 아무 일도 없었다는 듯 의아해하며 쳐다보신다. 바쁜데 왜 왔느냐고 도리어 역정을 내신다. 이럴 때는 화가 나다가도 어느 날 갑자기 훌쩍 세상을 떠나시면 천 길 낭떠러지로 굴러떨어지는 기분이다. 그분들의 죽음 앞에 그저 바라보고만 있어야 하는 초라한 나 자신이 너무 바보 같아 엉엉 울어 버리고 싶다.

　그래도 나는 이 일이 좋다. 인생의 종착역에서 잠시 머물다 가는 분들의 손과 발이 되고, 조금이라도 마음의 위안을 드릴 수 있다면 난 그것으로 만족한다. 약간의 흔들림이 있어도 좋다. 내 마음이 조금 서러워도 괜찮다. 나는 다시 태어나도 이 길을 가련다. 나 또한 언젠가 반드시 그쳐가야 할 길이기에 쓰린 가슴을 쓸어내리며 다지고 또 다져 본다.

민들레와 국화

봄 햇살이 따사롭다. 창틈을 비집고 들어오는 바람은 꽃향기를 실어 나른다. 오늘도 변함없이 창가에 옹기종기 모여 앉아 서로 다른 내용으로 대화를 나누는 어르신들의 모습이 정겹다.

문을 열고 한 발 짝만 나가면 봄 햇살을 만끽하고 향긋한 꽃향기에 취해도 볼 텐데…. 서로 전혀 다른 말씀을 하시는데도 마치 대화하는 듯한 모습들이 정겨움을 너머 가슴이 시리다.

쓰레기를 버리려 밖으로 나갔다. 노란 민들레가 지천이다. 벚꽃 진 자리에 영산홍이 고개를 내민다. 요양원 밖은 봄꽃들의 연회장이다. 쓰레기 버린 손에 민들레 몇 송이와 영산홍 몇 가지를 꺾어든다. 바깥출입이 어려운 분들에게 보여 드리기 위함이다. 요양원 안으로 들어서니 꽃은 보는 것이지 꺾는 것이 아니라며 동료 직원이 가드락거린다. 자연 파괴범이라며 농담처럼 핀잔도 준다. 나도 모르게 얼굴이 달아오르는 것을 감출 수가 없다. 하지만 에둘러 핑계를 대고 싶지는 않다.

때마침 점심시간이다. 점심을 드시려고 식탁에 둘러앉은 어르신들께 꽃들을 나눠 드렸다. 고맙다고 예쁘다고 하며, 향기를 맡아보고 쓰다듬어도 보신다. 좋아하시는 모습에 내 어깨가 올라간다. 서로 내 꽃이 더 예쁘다며 자랑도 하신다. 무슨 꽃인지 이름조차 기억 못 하지만 마냥 좋아하는 모습에서 동심을 본다. 노란 꽃은 민들레, 분홍 꽃은 영산홍이라고 알려 드리자

"그렇구나, 그랬구나, 민들레였어."

한참을 감상하더니, 식사 때 드시라고 드린 물컵에 꽂아 놓으신다. 먹을 물인데 어쩌자고 그러시냐고 만류했다. 말리는 내가 무색하다. 상하면 안 된다고 하며 물이 오염되어 먹지 못하는 것은 아랑곳하지 않으신다. 보잘것없어 보이는 들꽃일지언정 생명의 소중함을 생각하는 모습이 애처롭다.

식사가 끝나고 컵에 든 물을 드시기 위해 꽃을 꺼내더니 휴지로 곱게 싸신다. 한참을 들고 들여다보더니 내게 손짓을 하신다. 가까이 다가갔다. 선물이라며 휴지로 곱게 싼 민들레를 수

줍게 내미신다.

"국화."

고맙다며 받아 들고 꽃 이름을 여쭈니 거침없이 대답하신다.

"내가 가지고 있으면 빨리 시들어 버릴 거야. 아까우니까 잘 보살펴줘." 당부 말씀도 잊지 않으신다.

민들레면 어떻고, 국화면 어떠랴. 또다시 얼굴이 붉어지는 것은 가드락거리던 동료 직원의 말 때문만은 아닌 것 같다.

봄에 핀 들국화 같은 어르신이 탈출을 시도하신다. 민들레와 국화 사이에서 일어나는 혼돈이다. 작은 보자기를 손에 들고 나서시는 모습에 가슴이 아려 온다. 따사로운 이 봄날에 시린 가슴을 쓸어내린다. 꽃집에 가면 꽃들이 지천이다. 돈만 주면 예쁜 꽃들을 얼마든지 골라서 살 수 있다던 동료의 얼굴이 새벽달처럼 얼비친다.

볕 잘 드는 창가에 올라앉은 들꽃들이 바람에 하늘거린다. 회색빛 요양원에 황금빛 석양이 내린다. 하루빨리 코로나가 물러가고 어르신들을 모시고 꽃 마중 나갈 날을 고대해 본다.

날 깨운 메일

요란한 '까똑' 소리에 잠이 깼다. 이른 아침부터 부산을 떠는 손전화기다. 뚜껑을 열고 보니 뜻밖의 선물이 와 있다. 주름투성이에 환의를 입으신 할머니 사진이다. 생각만 해도 가슴이 먹먹해지며 콧날이 시큰해지는 큰 외숙모님의 모습이다.

요즘 세상은 여성 인권 운운하며 여성들도 제 목소리를 내지만, 삼종지도에 칠거지악을 얹어서 족쇄를 채우고, 여성 인권이라는 말이 있는지도 모르던 우리 부모님 세대 어머니셨던 외숙모님은 참으로 파란만장한 인생을 사신 분이시다.

외숙모님은 5일 장을 다니며 장사를 하셨다. 머리에 무거운 짐을 이고, 걷고 또 걸어서 이 장터 저 장터 다니며 모종 장사를 비롯해 돈이 되는 거라면 뭐든지 내다 파셨다.

내 기억 속의 김장 김치는 하얀 속살에 홍조를 띠고 요염한 자태를 뽐내며 식탁에서 한 자리를 차지하는 밑그림이 그려진다. 하지만 외갓집 김치는 달랐다. 초록색 털 스웨터에 빨간 인조 보석이 드문드문 박힌 듯했다. 김장 김치 하나로 본 외가댁 살림살이는 그렇다 치고, 별난 시어머니에 육 남매 뒷바라지에 허리 한번 제대로 펴실 날이 없어 보였다. 거기에 우리 칠 남매도 무시로 드나들었으니 그 고충이야 오죽했을까.

놀이터도 놀잇감도 없던 시절이라 자연과 벗 삼아 놀다 싫증이 나면 어김없이 외가댁으로 갔다. 외할머니가 계시다는 이유로 무서움도 잊고 산을 넘었다. 집안의 제일 어른이셨던 외할머니는 언제나 우리를 반겨 주셨고, 빳빳한 일원자리 지폐를 베개 밑에서 꺼내 주시고는 하셨다.

어디 그뿐이었으랴. 할머니가 계시니 군것질거리도 심심찮게 있었다. 섞은 사과 몇 알이나 홍시, 고구마, 배추 뿌리 정도이지만 다락에 두고 하나씩 꺼내 주시던 그 맛은 그야말로 꿀맛 그 자체였다.

교만이란 녀석이 식탐이란 녀석과 손을 잡은 날, 난 그만 대형 사고를 치고 말았다. 그날도 놀이에 싫증이 나서 외갓집에

갔다. 마침 집안에는 아무도 없었다. 기회는 이때다. 군것질거리를 찾아 나섰다. 저만치 시렁 위에 고구마를 묻어 둔 항아리가 보였다. 내년 봄에 싹을 틔워 밭에 심을 씨고구마 항아리였다. 군것질거리를 찾아냈다는 생각 하나만으로, 윗목에 놓여 있던 곡식 셈하는 말을 엎어 놓고, 베개를 그 위에다 놓고 올라섰다. 고구마 항아리에 손이 닿을 듯 말 듯 한순간에 미끄러져 떨어졌다. 쭉 미끄러지면서 방 한쪽에 새워 둔 거울을 깨뜨렸다. 누가 볼세라 깨진 거울을 치우지도 못하고 절뚝거리며 집으로 도망쳐 왔다. 그 후 몇 년간 외갓집 근처에는 얼씬도 하지 못했다. 멀리 시장에서 돌아오시는 외숙모님 모습이 보이면 그 일이 들통 나는 건 아닐까 가슴이 콩닥거렸다.

세월이 훌쩍 지나, 사진 속의 무표정한 외숙모님 얼굴을 보며 그날의 일을 진심을 담아 사과하고 싶은 마음에 외숙모님에 대한 그리움이 덧씌여졌다. 다행인지 불행인지 외숙모님은 치매와 벗이 되셨다고 했다.

"아야, 물 한 모금 도고."

장날이면 강냉이 뻥튀기 한 봉지를 손에 들고 지친 몸을 잠시 쉬어 가던 모습이 지금도 눈에 선한데, 사진 속의 외숙모님은 호호백발이셨다. 치매와 벗이 된 외숙모님 사진 속에서 그날의 기억을 더듬어 보았다.

그렇게도 무던하고 속 깊던 외숙모님은 얼마나 많은 날을 속 울음을 삼키고 사셨을까. 우리에겐 한없이 자상하셨지만, 큰 며느리에게 호랑이 같았던 외할머니, 어린 육 남매, 무시로 드나들던 우리 칠 남매, 집안일은 뒷전이셨던 외삼촌, 그 모든 기억을 다 지워 버리고 싶어서일까. 사진 속의 외숙모님은 무표정이셨다.

장날이면 목이 빠지게 기다렸던 외숙모님도, 강냉이 뻥튀기도 떨어지는 낙엽처럼 멀어져 가는 이 아침. 단풍 같은 선물을 보내준 오빠에게 감사의 말을 전한다. 내 목소리에는 이슬이 맺히고, 오빠의 대답에서 외숙모님 냄새가 난다. 이 가을이 다 가기 전에 외숙모님 나이가 된 철모르던 내가 그 시절 내 나이가 된 딸아이의 손을 잡고 꼭 한번 찾아뵈어야겠다.

무채색 봄

밤의 모니터는 무채색이다. 모니터는 밤을 닮아있고, 봄은 모니터를 닮아있다. 사위는 고요하고 모니터와 나와의 눈싸움이 시작된다. 문득 고개를 드니 춘분을 막 넘긴 달이 음영을 만들어 내고 있다. 어르신들의 숨소리가 평안하다. 오늘 밤은 별 탈 없이 지낼 수 있을 듯도 하다.

조용하면 조용해서 불안하고, 시끄러우면 시끄러워서 불편한 것이 요양보호사의 일상이다. 어르신들의 잠자리를 확인하고 허리를 펴 본다. 휴식 시간을 끝내고 다시 살펴보는 수면 상태는 대체로 양호하다. 창문을 비집고 들어 온 달빛이 평안을 주었나 보다.

얼마의 시간이 흘렀을까. 누군가를 애타게 부르는 소리가 들린다. 모니터에는 움직임이 없다. 소리가 나는 쪽으로 다가가 귀를 기울인다. 끊어질 듯 이어지는 간절한 부르짖음에 이어 흐느끼는 소리까지 들린다. 이 여사님이다. 이 여사님은 오늘 밤도 그분을 애타게 찾고 계신다.

'꿈길밖에 길이 없어 꿈길로 가니 그 님은 나를 찾아 길 떠나셨네. 이 뒤엘랑 밤마다 어긋나는 꿈…'

학창 시절에 부르던 노래를 흥얼거리며 이 여사님께로 전해졌던 한 통의 편지를 생각한다.

"왜, 결혼이라도 하지 그랬어."

무심한 듯 툭 던지고 가던 여사님 큰아들의 말이다.

'존경하는 이 여사님께'를 서두로 구구절절 이어지는 사연들. 편지 속에는 그분의 봄이 있고, 뜨거웠던 여름도 있었다. 꾹꾹 눌러쓴 손 글씨로 쓰인 편지는 읽는 사람의 코끝을 찡하게 했다. 시시때때로 읽어 달라는 성화에 열 손가락이 모자라도록 읽어 드렸건만 그때마다 눈시울을 붉히시는 여사님의 봄과 편지 속의 봄이 삐걱거렸다. 꿈속에서조차 만나지를 못하셨나 보다. 흐느끼듯 중얼거리는 잠꼬대가 애달프다. 날이 새면 만나러 가자고 다독이는 내 가슴이 뻐근해지는 건 나만의 감정일까. 다시 모니터 앞에 앉는다. 모니터는 무채색이다.

침상에 누워 날수를 세고 있는 여사님의 꿈은 아직도 애틋한 봄인가보다. 애절한 부르짖음이 또다시 끊어질 듯 이어진다. 꿈 속에서나마 그분을 만나게 되기를 빌어보지만, 머릿속은 춘분의 달빛처럼 몽롱하다.

요양보호사의 삶은 요양보호사의 개별 된 삶이 아니다. 하나의 도구로서의 삶이며, 매개체로서의 삶이다. 온전히 내려놓지 못한다면 살 수 없는 삶이다. 요양보호사에게는 인권이라는 말도 그저 있는 그대로의 문자로서의 말일 뿐이다. 세상의 가장 낮은 곳에서 '바보' 이 한마디 가슴에 담고 사는 것이다. 내가 아닌 너의 삶을 대신 살아 주는 것이다.

달이 이울고 있다. 아침은 유채색 하늘로 오나 보다. 하늘이 색을 띠기 시작한다. 모니터가 채색되고 있다. 이 여사님의 무채색 봄을 두고 나서는 아침이 무겁다. 발걸음은 무거운 아침에 무게를 더한다.

무거움에서 벗어나려 나는 나의 봄을 찾아 나선다. 나의 봄은 기다리지 않아도 내게로 온다. 양손 가득 담아 온 봄들로 식탁을 차린다. 봄은 거실을 가득 메우고 생기마저 덤으로 준다. 나

는 나의 봄을 찾았건만 침상에 누워 빈 천정만 올려다보는 어르
신들의 봄은 어디에서 찾을까. 또다시 밤이 오면 이 여사님은
그분을 만날 수 있을까.

이른 저녁을 끝내고 앉은 나의 눈에 언젠가 지인으로부터 받
은 위스키가 눈에 들어온다. 유리컵에 얼음을 담고 위스키를 따
른다. 내 마음을 읽은 듯 시디플레이어는 '위스키 온 더 락'을
흥얼거리고 있다. 밤이 깊어가고 있다. 한낮의 열기도 식어가고
있다.

밤의 모니터는 무채색이다. 모니터는 밤을 닮아있고, 요양원
의 봄은 모니터를 닮아있다.

만금 할머니의 홈런 볼

아침 청소를 끝내자 어르신들의 놀이가 시작된다. 십 원짜리 동전을 놓고 화투장을 주고받는 분, 차 한 잔을 놓고 담소를 나누는 분, 먼 하늘의 구름을 쫓다 낮잠 드신 분, 불편하면 불편한 대로 시간을 보내는 모습들이 각양각색이다.

침상에 누워만 계시는 분들에게도 나름대로 놀이는 있다. TV 보기, 혼잣말 놀이, 손장난 놀이 등등. 그중 오늘의 MVP는 단연 만금 할머니의 공던지기 놀이일 것 같다.

'만금' 할머니는 치매 환자다. 휠체어로 활동실에 나오긴 하지만 대부분을 침상에서 보내신다. 어르신 이름표가 달린 밥상을 가져다드릴 때면 꼭 한마디 하신다.

"박 만금 좋아요. 이런 이름 처음 봤어요. 그래서 많이 들어

오나 봐요."

　당신 자신의 이름조차 까맣게 잊은 채 뭐가 많이 들어온다는 건지는 알 수 없으나 늘 밝은 표정을 지으시는 할머니를 대하면 괜스레 내 마음도 즐거워진다. 작은 도움에도 '예뻐요'를 연발하시는 모습이 귀엽기만 하다. 그래서일까. 이 어르신 앞에만 서면 간병사란 직업도 까맣게 잊어버리고 만다.

　할머니가 즐기시는 놀이는 공 던지기이다. 어느 날, 저녁 식사 후 어르신들이 침상에 드시고 라운딩을 할 때다. 어디서 수상한 기운이 느껴지고 야릇한 향기(?)가 났다. 콧구멍의 평수를 넓히고 열심히 킁킁거리며 찾아다니다 만금 할머니의 침실 바닥 여기저기에 흩어져 있는 작은 공(볼)들을 발견했다. 불을 켜고 살펴보니 새카만 똥이다. 누굴까 물어볼 것도 없다. 만금 할머니다. 이분 침상 주변에서 불순물의 흔적이 고개를 내밀고, 침대 시트 위에서 이불까지 온통 똥 잔치다. 물을 떠 다 손을 씻기고, 시트를 벗겨 내고, 기저귀를 여는 순간 모든 사건은 결말이 나 버렸다. 아니, 그런 줄 알았다. 하지만 사건은 한 번으로 끝나지 않을 일이었다.

　두어 시간 지나 어르신들의 수면 상태를 관찰하기 위해 라운

딩을 하는데 또 어디선가 수상한 냄새가 났다. 코를 벌렁거리며 추적해 보니, 이번에도 만금 할머니다. 그런데 이번에는 초범 때와는 달리 바닥에 아무것도 없다. 완전 범죄를 꿈꾼 것일까? 불을 켜고 수색한 결과, 상두대 서랍 주변이 온통 불순물로 범벅이 되어 있다. 서랍을 열어 보니 양말과 함께 잘 버무려진 그것과 양손 가득 쥐고 계신 갈색의 반죽들. 초범 때보다 훨씬 더 강력한 두 번째 현장을 정리하고 주변 청소를 하고 나오는데, 뭔가 꺼림칙하다. 마치 화장실을 갔다가 뒷마무리를 못 하고 나온 느낌이랄까. 깨끗이 치운 침실에 여전히 미묘한 냄새가 남아 있다.

창문을 열고 환기를 해도 없어지지 않는 이 냄새의 근원은 어디일까. 다시 현장 검색이 시작되었다. 아하, 예리한 우리의 레이더망에 만금 할머니가 다시 걸려들었다. 옆 침상 너머로 보일 듯 말 듯 그려진 포물선, 분명 똥의 흔적이다. 허나 이것만으로는 이렇게 짙은 향내를 낼 수는 없다.

흔적을 따라 침상 아래로 내려가다 '으악!' 소리가 절로 터져 나왔다. 할머니가 날린 배설 덩이가 상두대와 침상 다리 사이에 덩그머니 자리를 잡고 있지 않은가. 야무지게도 뭉쳐진 동그란

공이 게이트볼 같이 보이기도 했다. 정신 줄은 놓았어도 만금 할머니의 예리한 감각은 살아 있었던 것일까. 그때 옆에 있던 누군가가 손뼉을 치며 던진 한마디에 우리 모두의 웃음보가 터지고 말았다.

"이거 만금 할머니의 만루 홈런 볼이네요."

한참을 웃다 보니 고단했던 하루의 피로가 말끔히 씻어져 내려가는 듯하다.

"예뻐요, 예뻐요!"

세상일은 다 내려놓고 무욕의 상태에서 잠꼬대까지도 예쁘게 하시는 할머니 얼굴이 오늘따라 더없이 행복하게 보이기만 한다. 요양원의 하루가 핑크빛으로 물들어 가고 있다. 만금 할머니의 노랫소리가 끊어질 듯 이어진다. 만금 할머니의 빛바랜 사전에는 낙동강이 넘실거린다.

충성! 그 어른

무더위가 초가을 바람에 저만큼 물러났다. 별마저도 잠이 들어 창밖은 칠흑 같은 어둠이다. 홀로 깨어 밤을 지키는 귓전에 코 고는 소리, 간간이 들리는 기침 소리가 적막을 깬다. 이 밤, 문득 지난여름 먼 나라로 떠나가신 어르신 생각이 난다.

중증 치매로 기억의 편린을 잡고 살면서도 입가에는 늘 미소가 떠나지 않던 분이셨다. 자리에 누워 계시다가 가끔은 살금살금 기어 나오실 때도 있었다. 어디 가느냐고 여쭈면

"가긴 어딜 가."

하고는 제자리로 돌아가시는데 달팽이도 이보다는 빠를 것 같았다. 손바닥만 한 방안에서 침상까지의 거리가 얼마나 된다고 미처 다 못 가고 맨바닥에 눕기도 하셨다. 양반 체면에 맨바

닥이 뭐냐며 체통을 지키시라고 하면

"양반?"

껄껄 웃으며 다시 침상으로 올라가시곤 했다.

그 어르신 옛날 기억이 하나도 나지 않으신다면서도 귀를 자극하는 청량제가 하나 있었다. 군대 얘기다. 룰을 벗어난 행동을 하거나, 기운을 못 차릴 때,

"방위셨죠?"

정신이 번쩍 나서 손을 휘휘 내저으며,

"아녀, 카츄사여." 자랑스레 군번을 줄줄 외워 대셨다.

"충성!"이라며 출퇴근 시간에 버릇처럼 거수경례로 인사를 드리면 몸을 제대로 가누지도 못하는 분이 꼭 거수경례로 답을 하셨다. 육군 하사관으로 장기 복무를 했던 분이셨다. 유난히 기운이 없어 보일 때,

"동작 봐라. 하사관 아니고 방위병 맞네."

"아녀, 아녀."

큰 소리로 되뇌셨다. 정신이 번쩍 드시는 것 같았다. 식사 도움을 드릴 때면 간병인들의 팔을 잡아당기며 같이 먹자고 하고, 추운 날에는 일하는 간병인들에게 그만 들어오라며 채근을 하

는 인정 많은 할아버지셨다.

한 번은 주머니 속에 곱게 접은 하얀 메모지가 눈에 띄어 좀 보여 달라고 하자, 안 된다며 몸을 잔뜩 움츠리셨다.

"아하, 연애편진가 보다. 제가 읽어 드릴게요. 보여 주세요."

내 얼굴을 한참 올려보다 마음이 놓였는지, 연애편지가 아님을 증명하려는 건지 꺼내서 보여 주셨다. 누군가 만들어 드린 기차표였다.

"낼모레 홍성 갈겨." 할아버지가 다시 곱게 접어 윗주머니에 넣으셨다. 수구초심首丘初心이라 했던가. 얼핏 '이 어르신 돌아가실 때가 됐나' 하는 생각이 머리를 스쳤다. 그 생각이 방정맞았던 것일까. 며칠 후 그렇게 건강하던 분이 갑자기 체력이 급격히 떨어지면서 구급차 신세를 지셨다. 폐렴, 요로감염이 중증이라 했다.

일주일이 넘어 퇴원하신 어르신의 몰골이 말이 아니었다. 푹 꺼진 볼과 눈, 더 깊어진 목은 유동식마저도 넘기기 힘들어하셨다. 인정 많고 너그러운 분이셨는데 가슴에서 뜨거운 것이 올라왔다. 어르신의 상태는 갈수록 나빠지고 급기야 임종실로 옮겨졌다. 코끝이 찡하면서 눈물이 흐르는 것을 누가 볼세라 얼른

훔쳐내고는,

"홍성 어르신, 충성!"

거수경례를 붙이자 꺼져가는 듯한 소리로

"홍성, 충성!"

힘없는 팔을 들어 거수경례 시늉을 하셨다.

"군번!"

물조차도 삼키지 못하는 분이 들릴 듯 말 듯 한 소리로 웅얼 거리셨다.

한밤중. 산소포화도 50 이하, 맥박수 불규칙, 호흡 상태 불량 이 선을 넘었다. 혈압계가 오르락내리락 그녀를 타더니 측정 불 가 상태가 이어졌다. 이러다 오늘 밤을 넘기기조차 어렵겠구나. 가족들은 다 뵙고 오셨을까. 별의별 생각이 꼬리를 물었다.

나의 불침번 정성이 통했는지 새벽이 오면서 어르신은 차츰 호전되는 듯 보였다. 안도의 한숨을 쉬면서 집으로 돌아왔다. 하지만 그것도 잠시 '어르신 선종'이라는 문구가 밴드에 올라왔 다. 당신의 마지막 모습을 내게 보여 주시기 싫었던 것일까. 아 니면 나의 수고를 조금이라도 덜어 주고 싶으셨던 걸까.

"어르신 충성!" 소리에 눈을 껌뻑이시던 그 모습이 마지막이 되고 말았다.

'아. 가셨구나.'

나도 모르게 입에서 '충성' 소리가 신음처럼 터져 나왔다.

새벽 선잠이 들었다. 칠흑 같은 어둠 저편에서 별 하나가 반짝인다. 그 어르신 내 마음속 고향을 일깨우는 별이 되려나 보다. 마지막까지도 온정을 베푸시던 어르신의 마음이 전해와 입속으로 가만히 되뇌어 본다.

"어르신 충성!"

이 비 그치면

올여름에는 비가 많이 올 거라 한다. 비 소식에 벌써 긴장되는 것이 기우였으면 좋겠다. 장맛비 같은 봄비가 창을 두드린다. 빗소리에 장단을 맞추듯 어르신의 발 굴림이 시작된다. 오늘은 입으로 추임새까지 더한다.

비 오는 날 요양원은 난타 공연장이 된다. 상을 두드린다. 발을 구른다. 손뼉을 친다. 발로 식탁을 찬다. 이런 공연장은 어디에서도 찾을 수가 없을 것이다. 난타 공연에 이어 레퍼까지 등장한다. 아마 이 곡이 세상에 나가면 대박 날 것 같다. 이런 노래는 예전에도 없었고, 앞으로도 없을 불후의 명곡이니까.

한 어르신이 옷이 없어졌다며 노기가 충천했다. 키 크고, 안경 쓰고, 덩치 큰 ××가 가져갔단다. ××는 여지없이 나다.

오버코트와 바지 두 개가 없어졌다고 한다. 나를 보더니 얼른 갖다 놓으라며 경찰을 부르겠다고 엄포까지 놓는다. 난 오늘 꼼짝없이 도둑이 됐다.

숨바꼭질하며 동정을 살핀다. 어르신이 옷장의 문을 잠그려고 하는데 옷장 열쇠가 문에 잘 맞지 않는지 겉돌고만 있다. 때마침 들른 관리팀장님이 얼른 옷장 문을 고쳐 주며 열쇠 간수를 잘하라고 한다. 열쇠를 어디에 둘지 몰라 주춤거리기에 얼른 끈을 가져다 열쇠를 끼워 목에 걸어 드렸다. 도둑으로 몬 것이 무안했는지 시큰둥하게 자리로 가서 앉으신다.

한참 후에 그분의 방에 들렀다. 옆 침상의 어르신이 눈짓으로 불렀다. 이제 제정신이 들었는지 당신이 참을 거라는 말씀을 하셨다고 전해 주신다. 오늘은 이렇게 벗어났지만 언제 또 도둑이 될지는 알 수 없는 일이다.

얼굴에 커다란 혹이 달린 한 어르신이 계신다. 거울을 보더니 방장이 때렸다고 하신다. 그분이 말씀하는 방장은 어르신 담당 요양보호사다. 졸지에 가해자가 된 우리 선생님, 알 수 없는 표정을 지어 보인다. 늘 그래왔던 것처럼 비 오는 날의 통과의례라고 생각하는 것도 같다.

이래저래 비 오는 날은 긴장의 끈을 놓을 수가 없다.

매스컴에서 가끔 요양보호사들의 폭력 사건이 보도되는 걸 본다. 요양원에 근무하는 나로서는 어디까지가 진실인지 판단이 서지 않는다. 치매 어르신들의 말만 듣고, 혹은 겉으로 드러나는 현상만 가지고 요양보호사들을 폄훼하는 사례도 경험했으니까. 그도 저도 아니라면 보호자들의 갑질인지도 모른다. 요양보호사들이 힘없는, 미래의 나일 수도 있는 어르신들께 과연 그런 엄청난 일을 할 수 있을까.

하루가 지나고 또 다른 오늘이다. 내리는 비는 멈출 기미가 없다. 3일째 도둑으로 몰린 나는 최대한 어르신의 눈 밖에서만 움직인다. 눈에 띄기만 하면 퍼부어대는 욕설과 폭언을 고스란히 다 받아내야 하는 3일이라는 시간이 한없이 길게만 느껴진다.

천석지기 한의사 고명따님이었다며 조목조목 일목요연하게 말씀하는 그분을 누가 감히 치매 노인이라고 할 수 있을까. 곁에서 지켜보는 요양보호사가 아니면 알 수 없는 일이다. 심지어 물건 훔치는 것을 당신 눈으로 직접 보셨다는데 더더구나 할 말이 없다. 팔순 노인네의 옷을 젊은 요양보호사가 입을 수나 있 겠냐마는 어르신은 막무가내기다.

"네 할미를 가져다줬냐? 네 어미를 가져다줬냐?" 나를 쫓아 다니며 다그치는 데는 정답이 없다. 비 때문이라고, 애꿎은 날 씨를 탓하며 그저 찌그러져 있을 수밖에….

어르신들이 의심으로 요양보호사들에게 억울하게 누명을 씌 우는 건 환자니까 얼마든지 이해한다. 그러나 요양보호사들을 '똥이나 치우는 하찮은 것들'로 치부하는 지극히 정상적인 일부 보호자들은 어떻게 받아들여야 할까.

내 손으로 모시지 못하는 부모님께 대한 미안함, 죄송스러움 의 다른 표현일지도 모르겠다. 남의 손에 부모를 맡겨야 하는 그 심정이야 오죽하겠냐마는 다른 표현 방법은 없는 걸까. 미안 함이 앙금처럼 남아 있을 보호자들의 안타까운 심정을 다 알 수 는 없다. 그들의 마음을 헤아려 참아 보려 하지만 마음이 편하 지 않은 것이 솔직한 내 심경이다.

비는 하염없이 내리고, 몸도 마음도 물먹은 솜방망이 같다. 이 비 그치면 어르신들도 진정되고, 나 또한 웃는 얼굴로 어르 신들을 대할 수 있겠지.

정치인도 종교인도 입만 떼면 인권 운운하는데, 요양보호사들의 인권은 어디에서 찾아야 하나. 걸핏하면 어르신들께 멱살잡이를 당한다. 차마 입에 담기조차 어려운 욕설도 듣는다. 속수무책 당하기만 하면서, 우린 사람이 아니라 그저 요양보호사일 뿐이라고 스스로 다독이며 깔깔한 입속을 쓴 커피로 달래 본다.

아들이 뭐길래

새벽 4시. 어슴푸레한 빛으로 요양원의 하루가 시작된다.

고양이 걸음으로 살금살금 일과를 시작하건만 놀란 산새들이 잠에서 깨어난다. 산새 소리를 음악 삼아 부지런히 어르신들의 식사 수발을 끝내고 설거짓거리를 주방으로 가져가다가 무심코 쳐다본 벽면의 사진 한 장이 발걸음을 잡는다.

삐뚤빼뚤하게 쓴 글과 그 글을 쓰고 계시는 할아버지 사진이다. 하얀 머리카락, 주름진 손, 애절함이 묻어나는 얼굴, 힘 빠진 손에 들린 검정 펜에는 간절함이 묻어난다.

'아들아 보고 싶다. 집에 별고 없지?'

요양원에서는 다양한 프로그램으로 어르신들의 일상을 돕는다. 그중 하나가 소원 카드 쓰기이다. 해마다 성탄절이 다가오면 어르신들을 대상으로 카드를 드리고는 소원을 적으라고 한다. '아들 사업 잘되게 해주세요.' '손녀딸 대학 합격하게 해주세요.' '군에 간 손주 녀석 무탈하게 돌아오게 해주세요'. '우리 가족 모두 건강하게 해주세요.' 등등 다양한 소원을 담아 쓴 카드에 색칠도 알록달록하다.

알록달록한 카드로 크리스마스트리를 장식하고, 소원이 이루어지도록 기도하라고 말씀을 드리면 칠성님께 치성드리듯 손을 모으신다. 그중 하나가 이 사진이다. 얼마나 간절했으면 카드 속의 글씨들이 크게 외치는 듯하다. '아들아 보고 싶다.'라고.

우리 고향 마을에 아들을 지극히 사랑하는 아들바라기 아저씨가 한 분 계셨다. 아들을 위해서라면 불 속이라도 뛰어드실 분이셨다. 자식 사랑하는 마음이야 모든 부모가 같겠지만, 이분의 아들 사랑은 정말 유별나셨다.

4대 열한 식구가 한집에 사는 아저씨 댁은 늘 잔치 분위기였다. 이런 집의 맏손주로 태어났으니 사랑받기야 떼놓은 당상이겠으나 아저씨의 아들 사랑은 타의 추종을 불허했다. 바람 불면 날아갈까, 눈 오면 감기 들까, 비 오면 옷이라도 젖을까, 털옷에, 장화에, 우산까지 빠짐없이 챙겨 들고 통학하는 아들을 버스 승강장까지 마중을 가는 건 아저씨의 일과 중 하나에 불과했다. 이런 아저씨의 마음을 아는지 모르는지 넙죽넙죽 받아 안는 그 아들 녀석이 마냥 부러웠다.

어느 비 오는 날 하굣길이었다. 장화에 우산까지 받쳐 들고 걸어가는 그 녀석이 보였다. 그 녀석의 뒤에는 가방과 우산을 든 아저씨가 저만치 거리를 두고 뒤따르고 계셨다. 하얀 운동화에 묻어있는 진흙과 착 달라붙은 교복에서 떨어지는 빗물로 내 모습은 초라하기 짝이 없었다. 그야말로 비 맞은 생쥐 꼴이었다. 무작정 집으로 달려와 아버지께 투정을 부렸다. 진흙 범벅이 된 나를 말없이 쳐다보시던 아버지의 모습이 그날따라 더 수척해 보였다. 기억은 엊그제처럼 선명한데 아버지 떠나신 지 수십 년이다.

아저씨는 아직도 어둠이 내리는 골목길에서 외출한 아들을 기다리고 계신다고 했다. 팔순의 노인네가 육십이 넘도록 장가도 들지 못하고 술로 세월을 보내는 아들을 기다리다 아들이 잠자리에 든 것을 보고서야 주무신다는 소식이 바람결에 전해 왔다.

사진 속 어르신의 모습에서 아저씨의 모습을 본다. 아들이 뭐 길래 아무 말씀도 없이 털옷을, 장화를, 우산을 내미시던 아저 씨. 아저씨는 온몸으로 아들을 사랑하셨던 게다.

지금도 아저씨는 어두컴컴한 골목길에서 아들을 기다리시겠 지. 마음속에 작은 등불 하나 켜고 쪼그리고 앉아 아들을 기다 리시겠지. 마침내 돌아온 아들에게 '아들아 사랑한다. 언제까지 나.'라고 소리 없는 아우성으로 멍든 가슴을 쓸어내리고 계시겠 지. 오늘따라 사진 속의 글씨들이 더 크게 외치는 듯하다.

'아들아, 보고 싶다. 집에 별고 없지?'

무궁화는 피고 지고

유월의 끝자락 무궁화가 피기 시작했다. 큰 가지에서 한 송이 피더니 작은 가지로, 급기야는 나무줄기까지 핀 꽃은 지는가 싶으면 또 피어나고, 어느 순간 졌는가 하면 또 피었다. 꽃 지고 난 자리에 상흔 같은 꽃받침이 남아 있다.

무궁화는 여름에 피는 관목으로 가지치기를 통해 잘 자란다. 오래되거나 교차된 가지를 솎아내고, 미적인 형태로 모양도 만든다. 시든 꽃을 포함하여 식물의 죽은 부분이나, 손상된 부분을 잘라내어야만 최상의 상태를 유지할 수 있다. 이 작업은 일 년 중 언제든지 할 수 있다. 나무의 가지치기는 건강한 나무라면 새 가지가 나기 직전인 겨울이나 이른 봄이 가장 적합하다.

무궁화는 개화 시기가 7월에서 10월로 거의 백 일 동안 피고 진다. 꽃말은 섬세한 아름다움, 일편단심, 인내이다. 영원히 피고 피어서 지지 않는 꽃, 그래서 무궁화라고 이름 지어 부른다. 무궁화는 색깔도 다양하지만, 공기 정화 능력도 뛰어나 실내에서 키워도 좋을 듯하다.

내가 그분을 만난 것은 지난 1월이었다. 와상환자臥像患者로, 콧줄과 소변줄을 하고 주로 침상에서 생활하는 분이셨다. 가끔 대화를 유도하면 활짝 웃는 얼굴로 짧게나마 대답하는 미소가 고운 분이셨다. 수시로 체위를 변경해 드리고, 통풍이 잘되는지, 눌리는 부위는 없는지 세심하게 보살펴 드렸다.

유월이 시작되고부터 그분의 몸에 꽃이 피기 시작했다. 사람의 몸에서 피어나 심하면 죽음에 이르게 하는 염치없는 꽃이었다. 꼬리뼈 부위에 불그스름하게 피기 시작한 꽃은 간병인들의 세심한 손길에 잡히는 듯했다.

그러나 유난히도 더운 여름 날씨와 지병인 당뇨병은 호발 부위를 가만히 두지 않았다. 오른쪽 골반에서 시작된 개화는 왼쪽 팔과 목덜미에 이어 마침내는 등뼈에까지 피고 지기를 거듭했다. 끊임없이 피고 지는 무궁화를 보는 것 같았다.

간호사들이 치료를 위해 상처 부위를 거즈로 닦아낼 때면 꾹

꾹 눌러 담은 비명이 꽉 다문 입술 사이를 비집고 나왔다. 어르신은 지켜보는 사람들의 가슴으로 전해지는 아픔을 아는지 입술 사이로 새어 나오는 비명마저 미안해하셨다. 치료하던 간호사들이 잠깐 손을 멈추면

"제들 갔어? 힘든 데 가라고 해." 하셨다. "아프면 아프다고 소리도 지르셔요." 했더니

"어떻게 그래."

눈물 한 방울을 떨어뜨리셨다. 치료 도중에 너무나 안타까워 눈물을 보이면,

"울어? 울면 못써."라면서 어금니를 깨무셨다. 꼭 깨문 입술은 간호 중에 눈물짓는 사람들을 무안하게 만드셨다.

계절은 여름을 지나 가을로 접어들었다. 태양의 열기도 차츰 식어가고 제법 선선한 바람도 불었다. 어르신의 몸에 피어나던 꽃잎들도 하나씩 지고 있었다. 무궁화는 100일을 피고 진다는데 몸에 핀 이 꽃들도 100일이면 지겠지.

등뼈 깊숙이 자리 잡은 꽃들에서 진물이 나오고, 피부가 괴사되어 가위로 잘라내는 고통을 무던히도 참아내는 어르신에게서 무궁화 인내를 보았다. 무궁화의 꽃말처럼 섬세함으로 우리를

울게 하시던 세심한 마음을 보았다. 여기저기 꽃 진 자리에 남아 있는 꽃받침을 보듯 몸 여기저기 남아 있는 상흔을 보았다.

봄이 오고 있다. 최상의 상태를 유지하기 위해 나무의 가지치기를 하듯 어르신의 몸 여기저기 난 염치없는 꽃들을 자르고 치료했다. 상처를 잘라낼 때의 서걱거리는 가위 소리는 작고도 깊어서 오금이 저렸다. 앙다문 입술에서 새어 나오는 비명, 꼭 감은 두 눈에서 떨어지는 한 방울의 눈물은 마음속 깊은 곳에 자리를 잡았다.

무궁화는 100일을 피고 진다는데, 무궁화를 닮은 몸에 핀 꽃들은 100일을 두 번이나 지났건만 아직도 피고 지기를 거듭하고 있다. 이 상처를 치료하고 나면 새살이 돋아나겠지. 잘 손질된 나무가 고운 꽃을 피워올리듯 어르신의 얼굴에서 햇살같이 고운 미소를 다시 보게 되겠지.

지난가을 꽃잎을 떨군 무궁화는 새봄 맞이에 한창이건만, 몸에 핀 꽃들은 피고 지기를 거듭하며 어르신을 아득히 먼 곳으로 이끌고 있다. 얼굴에서 미소가 사라져 가고 있다. 우리를 울게 하던 위로의 목소리도 사그라진 지 오래다.

새벽이면 꽃을 피우고, 오후에는 모든 꽃잎을 오므려서 해 질 무렵에 떨어지는 무궁화처럼, 어르신은 미소를, 목소리를 모아 들이고 어느 해 질 무렵 홀연히 우리 곁을 떠나셨다. 어르신은 내게 무궁화로 남았다.

옥순 씨

　이 일을 시작한 지 삼 년째 되던 해였다. 예쁘장하게 생긴 할머니가 딸의 손에 이끌려 입소하셨다. 십 년간 집에서 모시다가 도저히 감당이 안 되어 모시고 왔다는 딸의 얼굴에는 미안함과 아쉬움이 고스란히 남아 있었다.

　청춘에 남편을 잃고, 넷이나 되는 자식들을 길러내느라 세상 온갖 풍파를 겪으셨다는 어르신보다 딸이 더 늙어 보이는 것은 나만의 착각이었을까. 어머니를 부탁하고 떨어지지 않는 발길을 내딛는 딸의 어깨에 희비가 교차되고 있었다.

　깔끔하고 활기 넘치는 어르신은 다른 어르신들과 담소를 나누고, TV 시청도 하면서 잘 지내셨다. 그런데 저녁 어스름이 몰려오기 시작하자 눈빛이 이상해지는가 싶더니 집엘 가야 한다며 현관으로 가셨다.

문손잡이를 돌리고, 번호키를 누르고, 밀고 당기기 시작하셨다. 아무리 애를 써도 문이 열리지 않자 발로 찼다. 요양보호사들이 말리려 하자 멱살을 잡고 흔들어댔다. 간신히 잡힌 멱살에서 풀려나자, 이번에는 대걸레를 휘두르셨다. 손에 닿는 것은 무엇이든 잡고 휘두르는 바람에 요양원은 한순간에 아수라장이되고 말았다. 한참의 소란 끝에 힘이 빠졌는지 털썩 주저앉아버리셨다. 퇴근 무렵이면 반복되는 이분의 난폭한 행동에 모두가 초긴장 상태가 되곤 했다.

석양 증후군이 조금씩 좋아지는가 싶더니 이제는 기저귀 케어를 거부하기 시작했다. 기저귀를 갈아 드리겠다고 하면 욕설을 퍼붓고 때리기까지 하셨다. 대부분의 치매 환자들이 그러하듯 이분도 그랬다. 낮 동안에는 거짓말처럼 이런저런 이야기도하고 요양원에서 하는 프로그램 활동에도 적극적이셨다. 그러나 해가 질 무렵이면 어김없이 난폭한 행동으로 우리를 곤란하게 하였다.

이분에게도 통하는 방법은 있었다. '옥순 씨' 하고 이름을 불러 주는 방법이다. '이름을 불러 주기 전에는 하나의 몸짓에 불과'하던 그가 이름을 불러 줌으로 꽃이 되었다는 김춘수 님의 〈꽃〉을 연상케 하는 분이었다.

난동을 부리는 중에라도 '옥순 씨' 하고 이름을 부르면 이상하리만치 고분고분해지셨다. 그날 이후로 이분을 부를 때면 '옥순 어르신'이 아닌 '옥순 씨'로 부르게 되었다. 어르신은 직원들에게 사랑받는 '옥순 씨'로 거듭나셨다.

이 평안함이 그리 길지는 않았다. 야간 근무를 위해 출근하는 날이었다. 옥순 씨 따님이 요양원 입구 화단에 넋을 잃고 앉아 있었다. 이유를 물었다. 오랜만에 면회를 왔는데 다짜고짜 딸의 멱살을 잡고 갖은 욕설을 했다는 것이었다.

그녀는 맏이라는 이유로 자신을 희생하며 어머니를 도왔다. 홀로 되신 어머니가 큰딸인 자신을 남편처럼 의지하며 동생들을 건사하게 하셨다. 치매에 드신 어머니는 수시로 폭언과 폭력을 쓰셨다. 이제 나이가 든 그녀도 어머니를 모시기가 힘에 부쳐 요양원으로 모셨다. 자랄 때도 큰딸이라는 죄 아닌 죄로 자신을 희생하며 살았는데 이제는 좀 쉬고 싶다고 했다.

어렵게 속내를 털어놓는 그녀의 얼굴을 똑바로 보기가 어려웠다. 치매 환자들의 행동 변화를 너무 잘 알고 있는 터라 뭐라

위로해 줄 말도 없었다.

그녀는 본인에게도 심장병이 있어 어머니를 요양원에 모셨지만, 죄인이 된 듯한 기분에 몸 둘 바를 모르겠다며 긴 한숨을 토해냈다. 무슨 말로 위로를 해야 할지 도무지 생각이 나질 않았다. 가만히 어깨를 두드려 드리고 계단을 올라갔다.

옥순 씨는 아무 일도 없었던 듯 평온했다.

"옥순 씨."

나의 부르는 소리에 활짝 핀 꽃처럼 환하게 웃으며

"야근이여?" 하셨다.

멀쩡하게 잘 계시는 어머니를 왜 요양원으로 모셨느냐며 동생들에게 지청구를 듣고 마음이 편하지 않다며, 긴 한숨을 토해내고 가던 옥순 씨 큰딸의 뒷모습이 자꾸만 어른거렸다.

하고 많은 병 중에 치매와 벗이 되어 여생을 살아내야 하는 어르신과 가족들을 생각하면 어깨가 무거워진다. 옥순 씨께 이제 힘들고 무거운 짐은 다 내려놓고 편안한 여생을 지내다 가시라고, 큰 따님을 놓아 드리라고 내 마음을 전해 본다. 이런 내 마음을 아는지 모르는지 어르신의 코 고는 소리가 편안하다.

참회의 삶이 되지 않도록 혼魂을 담았다

－최잠숙 수필집 ≪가을 빨래≫에 부쳐

김홍은

수필가

I. 시작하며

문학은 만물로부터 얻어지는 체험과 상상을 기조로 하는 사상을 오감의 언어로 들려주는 예술이다. 일상의 삶으로부터 얻어진 다양한 경험을 갈고 닦은 통찰의 이야기들로 누군가와 나누고 싶은 심리에서 엮어진 글이 바로 수필이 아닌가 하는 생각이다.

수필을 읽다 보면, 고통의 생활 속에서 인생의 보람을 느끼고 슬픔과 기쁨의 대화도 나누고 행복함을 누리기도 한다. 이런 과정에서 진솔한 삶의 철학을 담아낸 글이, 바로 정감 있는 수필이라 하겠다. 문학작품이 담고 있는 사고(思考)는 작가 개인의 경험과 가치관을 복합적으로 표현하는 결과물로 이는 단순히 이야기를 전달하는 것을 넘어, 작가가 세상을 바라보고 해석하는 방식을 깊이 있게 인식하고 있는, 삶의 철학을 들려줌에 빠져들게 된다.

수필은 우주 만물을 탐구하며, 세상을 이해하고, 더 나아가 새로운 가치를 창조하려는 작가의 지적, 정서적 노력의 체재라고 할 수 있다. 독자들은 작품을 읽게 됨으로 작가의 깊은 사유의 세계로 이끌려 간접적으로 경험하고, 자신의 사고를 확장하는 경험을 얻게 된다. ≪가을 빨래≫ 작품집이 바로 그러하다.

Ⅱ. 耳順의 인생 고갯마루에서

최잠숙의 수필집 ≪가을 빨래≫에는 육십 고개를 넘은 인생 삶의 발자취를 돌아보는 글로 감동을 주고 있다. 제목으로부터 주는 심리적 감동이 담긴 언어의 이끌림에 스스로 책을 펴들게 만든다. 삶의 주옥같은 언어들이 잠든 영혼을 일깨우고 생활의 여정을 새로운 방향으로 인도하여 주고 있다.

작가 최잠숙은 가정주부로 색소폰 동아리 활동을 하며, 한편으로는 요양원에서 요양보호사로 봉사하며 살아가는 수필가다.

「가을 빨래」 작품은 일상으로부터 겪게 되는 어떤 갈등으로

부터 일어난 처지를 우회적으로 표현하고 있다. 사랑을 베풀어야 사랑받을 수 있다는 평범한 삶의 철학과, 회칠한 무덤에 대한 진정한 의미를 조금 알게 된 것도 같다고 하는 이순의 삶을 들려주고 있다.

할딱거리며 올라선 이순의 고갯마루에서 나의 가을을 어떤 모습일까. 어떤 색일까. 또 나의 겨울은 어떻게 채색해야 할까.

나도 모르게 들어선 어둠이 나를 짓누를 때가 있었다. 툭툭 던지는 무의미한 말들에 상처를 받기도 했다. 수군대는 뒷담에 날을 세우기도 했다. 말이 말을 만들어 말 위에 말이 쌓이고, 그 위에 또 말들이 쌓여 말의 쓰레기들이 쌓였다. 말의 홍수에 떠밀려 휘청거렸다. 저녁노을처럼 물들고 싶었던 나의 가을에 얼룩이 번지고 있었다. 나는 어느새 말의 무게를 달고, 길이를 재고 있었다.

늦은 아침으로 먹는 소금빵이 속 빈 강정 같다는 생각이 듦과 동시에 회칠한 무덤이 연상되었다. 무덤에 회칠을 하다니, 왜? 라는 의구심이 들었다. 이스라엘에서는 부정을 타지 말라는 의미로 무덤에 회칠을 했다고 한다.

－〈가을은 젖은 빨래〉 중에서

이순의 고개를 넘어서면서 자신의 정체성과, 본질을 지키며 살아야겠다 싶어 작가는 많은 생각을 한다. 황혼길에 든 생명들을 위해 봉사하는 터전에서 사람과 사람을 대하다 보면 오해도 오고 갈 수 있을 것이다. 공자 말씀에 이순이 되면 귀가 순해진다. 어떤 말이든 모든 것을 순리로 받아들이는 나이라고 하였다.

　예로부터 언중유골이라고 말속에도 뼈가 있다고 하지 않았던가. 인생을 살다 보면 말도 많고, 탈도 많다. 발 없는 말이 천리를 간다. 아니 땐 굴뚝에 연기 나랴. 하지를 않나, 인간사 세상은 구차스런 말들이 끊이지를 않는다. 말 한마디로 천 냥 빚을 갚는다는 소중한 말도 있고, 침묵은 천금이라는 금언도 있지 않던가.

　이토록 말이란 소중함이거늘 '말이 말을 만들어 말 위에 말이 쌓이고, 그 위에 또 말들이 쌓여 말의 쓰레기들이 쌓였다.'라며 말의 홍수에 떠밀려 휘청거렸다니 참고 견딤이 얼마나 고통스러웠으랴.

　화자는 저녁노을처럼 물들고 싶었던 가을에 얼룩이 번지고 있었지만 너그럽게 '말의 무게를 달고, 길이를 재고' 있었다니

이미 말의 의미를 알고[知言], 말하고 있는 사람을 알고[知人] 있음의 처지를 점잖게 표현하며 편벽된 말, 방탕한 말, 간사한 말, 회피하는 말, 둘러대는 말들이 회칠한 무덤으로 느껴졌음을 비유하고 있다. 인내하는 마음은 인생 처세의 높은 경지에서 상황을 내려다보고 있는 듯하다.

사람이 살아간다는 것은 이기(理氣)를 떠나거나 도덕을 의식하지 않을 수가 없다. 어떻게 살아가야 바르게 사는 것인가. 자신을 성찰하고 반성하며 그릇되지 않게 사람답게 사는 길을 터득함을 들려주고 있다.

나를 돌아본다. 이웃에게 비친 나의 모습은 어떠한지, 늘 한결같은 마음으로 언행이 일치된 삶을 살고 있는지, 말이나 행동에서 위선적이고, 과장되지는 않았는지 곱씹어 본다. 혹여 말로 상처를 주지는 않았는지. 겉은 화려하고 아름답게 보이지만 냄새나는 썩은 살과 뼈다귀를 감추고 있지는 않았는지. 나의 가치관과 맞지 않는 집단이나 환경에 무리하게 적응하려 하지 말고, 나 자신의 정체성을, 본질을 지키며 살아야겠다.

－〈가을은 젖은 빨래〉 중에서

이 문장은 자신의 삶을 성찰하며 반성하는 자세가 보다 가치 있는 성장의 방향으로 이끌어 가려는 인생관을 느끼게 한다. 반성을 통하여 잘못됨이 없나 자신의 행동을 되돌아보며, 앞으로 과오를 범하지 않는 삶을 살아가기 위해 신중하게 처신하려 함이 돋보인다.

자신의 감정을 숨기거나 잘못을 더 깊이 있는 성찰로 실수하는 삶이 되지 않도록, 조심하며 바르게 살아가려 노력함이 진실되고 아름답게 느껴져 온다. 삶의 의미를 찾고 반성을 통해 남다른 자신의 모습을 세워놓기 위해 성찰함이 멋진 인상으로 다가온다. 세심한 성찰로 타인과의 관계를 더욱 깊이 있게 만들어 가려는 가치관이 뚜렷하다.

〈아무렇게나 피는 꽃은 없다〉는 작품은, 겨울의 길목 우체국에서 있었던 상황이다. 모처럼 내 것이 아닌 내 것을 보내기 위해 들른 우체국이다. 보내는 마음이야 허전할 수도 있겠지만 받는 사람을 생각하며 미소를 지어 본다는 서두다. 또한, 우체국에 창틀 위에 있는 앙증맞은 액자 속의 글 가운데 유독 눈에 들어오는 글귀가 있다고 한다.

'들꽃은 아무렇게나 피지만 아무렇게 살지는 않는다.'

순간, 이 글을 쓴 사람이 몹시 궁금해졌다. '들꽃들을 아무렇게나 피는 꽃으로 생각하는 그는 누굴까? 나와는 너무나 다른 시각을 가진 사람도 있구나'라는 생각이 들었다. 봄이면 지천으로 피어나는 들꽃들을 아무렇게나 피어나는 걸로 생각하다니? 달콤한 커피 생각이 간절하다. 유독 들꽃을 좋아하는 나라는 사람이 더 이상한 건지도 모르겠다는 생각이 들었다.

―〈아무렇게나 피는 꽃은 없다〉 중에서

〈아무렇게나 피는 꽃은 없다〉의 작품을 읽으면 감성의 표현과 시각적 오감이 예사롭지 않다. 문장이 재치 있고 맛깔스럽다. 어떤 의식의 깨어남으로 들려주는 듯한 수사적 언어의 문장이 사유함을 담은 시적 표현이다. '내 것이 아닌 내 것을 보내기 위해' ……라는 문장은 독자의 관심을 끌게 하고 있다.

한편 우체국 벽에 걸린 켈리그라피 글의 '들꽃은 아무렇게나 피지만 아무렇게 살지는 않는다.'의 의미에는 견해차로 반박하기보다는 그 심정을, 달콤한 커피 생각이 간절하다고 유회(幽懷)하였다. 유독 들꽃을 좋아하는 화자는 자신이 더 이상한 건지도 모르겠다는 생각이 들었다며, 상대방의 오류를 오히려 본인에게로 돌리는 겸손함이 소박하게 문장의 깊이를 더하여 주고 있다. 화자는 들꽃들의 삶을 생각해 본다며, 한 알 씨앗으로 남아, 길고 긴 겨울을 차디찬 땅속에 웅크리고 앉아 봄을 기다리는 그들의 인내와 생명을 의미를 들려주었다.

'아무렇게나 태어나서 아무렇지 않게 살기는 쉽지는 않을 터이다. 의미 있게 태어났으니 의미 있게 살아가는 것일 것이다.

세상에 존재하는 모든 것은 의미 없는 것은 없다고 생각한다.'며, 식물의 생태학적 탄생의 고통 과정을 함축하여 표현을 심오하게 들려준다. 모든 생명의 가치를 낮은 곳으로 돌아보며, 아무렇게나 피는 꽃은 없음의 통찰(洞察)을 피력하였다.

수필은 체험이면서도 사유하는 문학이다. 작가의 사유력(思惟力)이 돋보인다.

〈내 인생 최고의 날〉 작품 서두의 후반 부분의 내용이다.

"며칠을 찜찜한 기분으로 보내고 있는데 직장에서 전 직원 건강검진을 하라고 했다. 우편으로 받아 본 검진결과표에 이상 소견이 있으니 재검하라고 했다. 재검 일정을 잡아 병원을 방문

했다. 검진 결과는 암癌이었다. 순간 올 것이 왔구나, 하는 생각이 들었다."

　아무리 정신력이 강한 사람이라도 암이라는 진단을 받고 나면 심리적으로 착잡하였을 것이다. 그러나 화자는 당황하거나 놀라지도 않고 차분하고 침착하다. 수술 날짜를 잡고 수술을 마치고도 오히려 가족들에게 미안해하는 아내답고, 어머니다운 모성애의 깊음을 담고 있다. 우리들 생활에 어머니의 모성애적 표현 중에 '비록 여자는 약하지만, 어머니는 강하다는' 말은 남자들에게는 믿음이 되고 힘을 안겨다 준다. 가족들이 얼마나 가슴을 졸였을까.

　진료를 위해 병원으로 가는 지하철역에서였다. 나의 기도에 대한 응답인 듯 평소에는 잘 보이지도 않던 하나의 문구가 퍼뜩 눈에 들어왔다.

　"The best day has yet to come for me."

　(내 인생 최고의 날은 아직 오지 않았다.)

　그래. 아직 내 인생 최고의 날은 아직 오지 않았어. 이루어 놓은 것도 남길 것도 없는데 여기서 포기할 수는 없지. 나의 삶은 지금부터야. 맥 풀린 다리에 힘을 싣고 다시 달려보는 거야. 삶은 희망이니까. 힘을 내자 암은 병이 아니라 내 몸이 주는 신호라고 했어. 다지고 또 다졌다. 한결 편해진 마음으로 내딛는 발걸음이 가벼워졌다.

　나의 기도에 응답해 주신 하느님께 감사드리며, 난 오늘 벼랑 끝에서 비상을 꿈꾼다. 내 인생 최고의 날을 위하여.

-〈내 인생 최고의 날〉 중에서

　최잠숙 작가는 매사를 그냥 스쳐 지나가는 법이 없다.

　대학(大學) 수신편에 보면, '마음이 있지 않으면 보아도 보이지 않고, 들어도 들리지 않고, 먹어도 그 맛을 모른다(心不在焉, 視而不見, 聽而不聞, 食而不知其味)'라는 글귀를 떠올리게 하고 있다. 누구든지 어떤 환경의 처지에 이르게 되면 마음이 다잡아지고, 건성이던 마음도 차분해져 보이는 것도 들리는 것도 신중하게 됨은 됨의 경험을 들려준다.

　'내 인생 최고의 날은 아직 오지 않았다'라 함이 보이고 느끼게 됨은 신중함이다. 자신은 물론, 병상의 투병 중인 환자분들에게까지도 현재의 고통에 굴복하지 말고, 앞으로 더 좋은 날이

올 것이라는 강한 믿음으로 용기를 주고 있다. 암을 이겨내고 건강을 되찾는 날, 앞으로 펼쳐질 새로운 삶의 시작이 기약의 바람이다. 비록 지금은 힘든 시간을 보내고 있지만, 내 삶의 현실을 인정하고 현재에 충실한 의지를 다하겠다는 굳은 마음이 타인에게도 희망을 준다.

암이라는 병상의 경험을 통해 삶의 의미를 다시금 깨닫고, 앞으로의 삶을 더욱 가치 있게 살아가겠다는 의지가 자신을 통하여 희망과 용기를 갖도록 함이 주목된다.

'내 인생 최고의 날은 아직 오지 않았다.' 작가에게도 '인생 최고의 날'을 위하여 하느님도 끝까지 응원할 것으로 믿는다.

〈촌로의 봄날〉 작품은 생전의 아버지 모습을 떠올려놓은 글이다.

'무뚝뚝하고, 표현력 부족하신 분. 타고난 농사군. 시골뜨기' 아버지를 생각하면 떠오르는 단어들이다. 내 기억 속 촌로의 인생은 늘 따스하고 부지런한 봄날이었다. 우리의 봄은 아버지의 못다 핀 진달래로 왔다며, '아버지는 이 세상 누구보다도 어머니를 사랑하는 남편이었고, 어머니는 사랑받는 아내셨다.'라고 들려주며 아버지의 순박하셨던 모습을 이렇게 그려놓고 있다.

꽃을 유난히도 좋아하는 어머니를 위해 장독대 옆에 화단을 만
드시고, 분꽃, 작약, 모란, 국화 등을 심어 사계절 꽃을 볼 수 있
게 하셨다. 양귀비꽃이 예쁘다는 어머니 말에 양귀비를 심었다가
검시관에게 혼쭐이 나셨던 아버지. 우물 위에는 포도 넝쿨을 올
려 그늘을 만들어 주셨던 내 아버지. 겨우내 꽃을 볼 수 없음이
안타까워 겨울 눈이 채 녹기도 전에 못다 핀 매화 가지를 구해
오시던 우리 아버지.

－〈촌로의 봄날〉 중에서

한 남자가 사랑하는 아내를 위해, 아침저녁을 지을 때마다 오
고 가는 장독대 옆에다 꽃밭을 만들어 꽃을 심어 행복한 마음을
갖게 하여준 정성이 그려져 온다.

봄이 오면 아름다운 작약이 피고, 오월이 오면 꽃 중의 꽃(花
中之花)이요, 부귀영화를 상징하는 모란이 피어남을 보면서 아
내는 남편에게 남다른 사랑을 느꼈을 것이다. 여름이면 분꽃,
봉선화도 피어나 꽃잎을 따 손톱에 꽃물도 들이게 하고, 우물가

에는 포도 덩굴을 올려 그늘을 만들어 주는 다정한 부부의 정이 포도꽃 향기로 스며나게 하고, 사랑을 알알이 맺어놓음이다. 국화를 심음은 가을이면 짙어가는 그윽한 꽃향기로 흘러가는 세월을 묵언으로 인생의 진리를 들려주려는 뜻이었으리라.

화자는 부모님의 인연을, 부부로 맺어진 백년가약 천륜의 사랑을 장독대 옆에다 화단을 만들어 꽃으로 피워놓은 깊은 의미를 촌로인 아버지가 받힌 애정을 정스럽게 그려놓았다.

원추리꽃이 필 무렵에 돌아가신 어머니를 위해 돌아오는 기일에는 그동안 갈고 닦은 색소폰 실력을 보여 드려야겠다. '님이 오시는지'를 들려 드리면 어머니 얼굴이 다시 붉어질까? 우리 아버지 하늘나라에서도 그저 빙긋이 웃으시며,

"저놈, 꼭 나를 보는 것 같네." 하시겠지.

–〈촌로의 봄날〉 중에서

어머니가 돌아가신 기일을 월일로 표현하지 않고, '원추리 필 무렵'이라 함은 감성적으로 애틋한 슬픔이 가슴으로 밀려드는 듯하다. 원추리는 초여름부터 주황색으로 아름답게 피어나는

꽃을 떠올리게 하여, 사별의 애련함으로 젖어 들게 하였다. 돌아가신 어머니를 위해, 갈고닦은 실력을 보여 드리고 싶다는 효심스런 딸의 심정이 색소폰 음률로 들리는 듯하다. 부모님께 못다 한, 사랑을 말로 다 할 수 없음을 그리움과 효행을 담아 감사함으로 들려 드리고 싶은 아름다운 생각의 마음이 곱다.

아버지 역시 "저놈, 꼭 나를 보는 것 같네." 하시겠지. 라며, 끝을 맺음은 부녀父女간의 다정한 사랑을 은근히 느끼게 하고 있다.

〈아버지의 땅〉은 작가의 아버지는 또한 이런 분이시다. 〈아버지의 땅〉의 표현으로 단면이지만 조금은 알 수 있다.

껍데기뿐인 아버지를 손수레로 싣고 앞서는데 뒤따르는 그림자가 더 무거웠다. 아버지를 버려두고 그림자만 싣고 오는 것 같았다. 미안해하는 아버지의 목소리는 타이어에서 바람이 빠져나가듯 픽픽 새고 있었다. '미안해하시지 말라'는 내 말은 끝내 목구멍 밖으로 나오지를 못했다. (생략)

이 마을로 이사 와서 당신 손으로 일군 거라며 종이 한 장을 보여 주었다. 말끔한 종이 위에 어린아이가 그린 듯한 들쭉날쭉한 모양의 그림이다. 추상화를 연상케 하는 그림 아래 아버지 함자와 1,444평이라고 인쇄된 지적도였다. 최근에 다시 측량한 듯 잉크 자국이 너무나도 선명했다.

－〈아버지의 땅〉중에서

〈아버지의 땅〉은 아버지가 살아오신 인생의 발자취가 묵밭으로 어련히 그려져 오게 하고 있다. 옛말에 '자식은 부모의 뒷모습을 보며 자란다'라는 말을 떠올리게 한다. 가족을 위해 아버지로서 그 책임을 다하려 1,444평 산기슭의 험악한 땅을 피땀으로 일궈 밭을 만들어 농사를 지으며 살아오신 근면함은 자식들에게 남겨놓으신 삶의 교훈이다.

〈아름다운 동행〉작품은 작가가 요양보호사로 환자들을 간호하는 측은한 심정을 이렇게 표현하고 있다.

'병고의 노예가 되어 털썩 주저앉아 버린 저들의 삶을 누가 보상해 줄까? 목숨이 붙어 있으니 생명이지 혼자서 할 수 있는 일이 아무것도 없다. 무엇이 저들에게 세상을 놓아버리게 했는지, 번뇌도 시름도 고통도 다 놓아 버린 저들의 삶을 무엇으로 그려 낼 수 있단 말인가?'라고 하면서 그 마음을 토로하였다. 가련한 생명들을 바라보면서 표현하는 화자의 심정이 독자들의 가슴을 소리 없는 가여움으로 무너지게 하고 있다.

누구나 할 수 있지만 아무나 할 수 없는 일, 하면 할수록 인생의 참맛을 알아 가는 일, 이것이 요양보호사의 일이다. 내가 이 일을 시작한 것은 특별한 이유가 있어서가 아니다. 갑자기 팔을 쓸 수 없게 되면서이다. 알 수 없는 통증은 하던 일을 그만두게 했다. 궁여지책으로 이 일을 선택한 것이다. 지금은 내가 나에게 '참 잘했다.'라고 말해 주고 있다.

나는 요양보호사다.

요양원은 도깨비 집이다. 울다가도 웃고, 웃다가도 울고, 욕을 얻어먹으면서도 배꼽을 잡고 웃는 곳이 이곳이다. 요양원은 다목적실이다. 때로는 창살 없는 감옥이었다가 편안한 쉼터가 되기도 하고, 호스피스 병동이 되기도 한다.

－〈아름다운 동행〉 중에서

요양원의 풍경을 단편적이나마 들려줌으로 하여 안타까운 모습이 생생하게 상상이 되며, 어찌지 못하는 생명들을 천사 같은 마음으로 보살피는 요양보호사의 거룩한 손길을 마음속에 새겨 둔다.

〈무궁화는 피고 지고〉 글은 요양원 환자의 등창에 대함을 비유한 글이다.

유월이 오자 그분의 몸에 꽃이 피기 시작했다. 사람의 몸에서 피어나 심하면 죽음에 이르게 하는 염치없는 꽃이다. 꼬리뼈 부위에 불그스름하게 피기 시작한 꽃은 간병인들의 세심한 손길에 잡히는 듯했다. 그러나 유난히도 더운 여름 날씨와 지병인 당뇨병은 그분의 호발 부위를 가만히 두지 않았다. 오른쪽 골반에서 시작된 개화는 왼쪽 팔, 목덜미에 이어 마침내는 등뼈에까지 피고 지기를 거듭했다. 끊임없이 피고 지는 무궁화를 보는 듯했다.
　　　　　　　　　　　　　　　　　　－〈무궁화는 피고 지고〉 중에서

요양원의 글을 읽고 난 심정은 우리 인생이 너무도 가엾고,

건강의 소중함을 간접적으로 새삼스럽게 느끼게 하여주고 있다. 그런가 하면 남을 위한 희생적인 봉사 정신이 없다면 아무나 할 수 없는 박애적 삶의 온기를 갖게 하는 숭고한 직업임을 깨닫게도 한다.

Ⅲ. 끝을 맺으며

수필은 그 사람의 인생사를 함축한 삶의 발자취이기도 하다. 최잠숙 수필집 ≪가을, 빨래≫는, 이순의 인생 고갯길에서 참회(慙悔)의 삶이 되지 않도록 뒤돌아보며 생명의 의미를 들려주는 수필로 값지다. 남다른 체험적 수필로 간혹 낯설음 문체의 참신성으로 독자의 오감을 머물게 하고 있다.

이외 작품들도 〈백신〉 〈빈 둥지〉 〈묻어버린 아픔〉 〈취(醉)하다〉 〈노봉방주(露蜂房酒)는 사랑을 싣고〉 〈달빛 속으로〉 등 작품들이 마음을 이끈다.

단순한 일상의 삶을 깊은 인상으로 남긴 인생의 혼(魂)을 봉사적 정신으로 삶의 방향이 되는 문장으로 심오하게 담아내었다. 요양원의 작품들은 실제 경험을 바탕에 두고 쓴 수필로 특별한 형식에 얽매이지 않고 자유롭게 자신의 사유를 은유적으로 풀어내어 많은 생각을 하게 해주었다. 아울러 삶의 활동을 새로운 시각의 감각적 묘사로, 간간이 시적 감성의 문장 표현도 신선감 있는 문체로 수필 맛을 인간애를 그려내어 감동을 주고 있다. 첫 수필집 출간을 축하하며 더욱 정진하여, 삶의 체험을 통해 빚어지는 사유로 풍성한, 읽는 이의 마음에 닿는 글을 쓰는 작가가 되길 바란다.

최잠숙 수필집

가을 빨래